生態系存在論序説

生態系存在論序説

―自然のふところで誕生した人間と文明の相克―

八木雄二著

知泉書館

まえがき

この本は、以降、第二部、第三部とつづくうちの第一部として書いたものである。とはいえ、この第一部にあたる本は専門的な哲学の訓練を受けていない人にも読んでもらえそうな中味になっていると思う。この本が明らかにしようとしていることを簡略に言えば、現代文明は自然環境を大規模に破壊して発展しているが、それがどのような歴史をもつかを、文明以前の人類進化の前提からどのように見ればいいか、ということを書いたものだからである。論じられている中味は、生物学的なことがらと、経済学的ことがらがおもな柱となっていて、そこに価値観から見えてくる問題を重ねている。最後のところは、いくぶん哲学的である。というのもこの本で論じていることは、全体としては生命論の範疇に入ることで、「生きること」についての哲学的思索が肝要なところで効いているからである。とはいえ専門的知識を必要とする議論ではない。

第二部の表題は「生態系存在論の構築」である。第二部では、第一部で明らかにされた世界の広がりを前提としてどのような存在論が構築されるかを明らかにする。しかしそれは同時に、ヨーロッパの存在論の歴史をあらたに読み替えることを含むことになる。したがって第二部は哲学の専門的知識をいくぶんか前提にしている。とはいえ哲学をかじったことのある人間なら十分に興味をひく内容のはずである。というのも、ヨーロッパの存在論について、いくらかでも知識がある人間から見れば、多くの問題を含むものだからである。そして第三部は「生態系倫理学の構築」である。この第三部では、第二部で構築された存在論を土台にして、倫理学を構築する。

一般の人にとっては、存在論にまで及ぶわたしのこうした試みは、ラディカル過ぎると思うかもしれない。事実、これまでも自然環境について哲学的に論じた人は山ほどいるが、わたしのように、自然環境について論じるための視点を独自に構築していくなかで、自然環境について論じることにとどめず、それを古代のパルメニデス以来の伝統的な存在論の歴史と対決させながら、存在論を構築し、倫理学を構築した人間は一人もいないからである。たしかに哲学まで深めて論じる論客は少なくないが、それもたいていは現代哲学か、東洋の哲学を援用するのみである。しかしヨーロッパの哲学の訓練を受けてくると、結局はヨーロッパの伝統的存在論まで根を下ろして論理を構築できなければ、どれほど縷々論じても、高尚ではあるけれど、「おしゃべり」の一種のように受け止められてしまう、ということがわかるのである。反対に、伝統的な存在論との関係が明示されるなら、その哲学はきわめて堅固な基盤をもつことが証明されたことになる。つまり数千年の命が保証されるのである。

したがって、言い換えれば、以降の第二部、第三部は、この第一部で書いたことに、そういう保証をつけるために書いたものである。それはすでにできあがっているので、近いうちに見ていただけるだろう。それを読めば、この本の読者も、この本に書いたことが、意外なほど堅固な思想基盤をもっていることを納得してくれると信じている。

わたしは三〇年来、自然環境保護と西洋哲学の研究の両方にかかわってきた。折々、自然環境保護にたずさわる多くの人から哲学を問われてきたが、なかなかそれをつくることができずに居た。しかし、最近になって、道を見つけ、行く手をさえぎっていたもやが晴れたので、長年の夢を実現することができたのである。

生態系存在論序説　目　次

目次

生態系存在論序説

――自然のふところで誕生した人間と文明の相克――

序章　自然と対立する文明の論理

昨今あちこちで森づくりの話が起きている。森は空気をきれいにするし、そこに行けば樹木が出す特殊なガスが肺をきれいにしてくれる。あるいは、森は水を涵養しておいしい水が地下水となり、泉にあふれ出す。森がつくる栄養分は川を流れて海に出て、海藻を育てる。そのほか木材以外の数々の効用が語られている。たくさんの人たちがそんな森づくりのために汗を流そうとしている。しかしその何倍も、いまだにあちこちで自然が無惨に壊されている。自然が大切だという話と生活のためには収入がなければならないという話がぶつかっている。バランスを取るのがベストと言っても、他国との経済競争に巻き込まれている現状ではどこにも解決の道はないように見える。じっさい木材価格が国際競争の波を受け、石油エネルギーが産業を支えるエネルギーの基盤にされているのだから、農業との関わりで行われてきた山の世話がそろばん勘定に合わなくなっているのも無理はない。これは一国のなかでやりくりしても限界があることがらである。

しかし、やっかいな国際競争がなければうまくいくのかということも疑問である。日本は西洋とは違って自然と敵対してこなかったと言われているが、程度問題かもしれない。そういう印象がわたしの中で日増しに強くなる。日本でも人間の生活と自然との対立は明白だし、畑を維持しようとすれば、畑が日陰にならぬように生えてくる樹木の芽生えを引き抜くのは当然だからである。平和が大切にされ、自然環境が大切にされることを、だれもが望みながら、実現は遠のいていくばかりである。一体その理由は何なのか。

わたしが思うに、世界のどの文明も、やはり自然と文明は何がしか対立している。これは否定できないことではないか。さまざまな調整はあっても、そこには限界がある。ひるがえって環境問題は人間の生き方の問題であると言えば、たしかに、とくに反論もないだろう。しかし具体的な話になると、生活の工夫を超えた話にはならない。文明が自然と対立するかぎり、その文明生活のなかでどんな工夫がなされても、やはり程度問題で、環境問題の本当の解決にはならないのである。環境にやさしい工夫をもった生活は「楽しい」と宣伝されても、やはり「息苦しさ」を含んでいるようにしか文明に慣れた人には見えてこない。それは決して息苦しさを覚えてしまう人間がおろかだからではなくて、文明の価値観が奥底で自然と対立しているために、文明生活を楽しむことは自然破壊を含むほかないためなのではないか。

わたしがこの本でしようとしていることは、まず自然のなかで人間を考えてみること、そこから文明を見直し、文化を見直してみることである。自然のなかで人間を考えるという意味は、人間が進化の過程から生まれてきていることを率直に見直して、そこから人間の生存の意味を考え直してみる、ということである。人間がなぜこの地球に生まれてきたのかという問いは、この地球上の自然界で生物が進化した結果なぜ人間という種が誕生したのか、ということの理由を見いだすことだからである。言い換えると、文明のはじまりから人間を考えることを止めて、進化の過程から人間を見直して、むしろそこから文明や文化を考えてみることである。文明社会の教育では、人間が人間らしい生活を始めることができたのはただ文明が始まったことによってであると、疑いもせずに教えている。じっさいほとんどのヨーロッパの哲学者たちはそろって文明人こそが人間らしい人間であるという立場を取っている。

しかし文明が始まったのはたかだか一万年前である。人類の誕生は二〇〇万年前とも言われる。あるいは進化の道筋が人類への過程に入った猿人にまでさかのぼれば、五〇〇万年前とも言われる。したがって人類は、その進化と存続の時間のほとんど九九パーセント以上の間、文明なしに生きてきているのである。この時間の長さを冷静に、客観的に考えるなら、文明のない時代の人間の生き方が「一般的な人間の生き方」であり、文明が始まった後の人間の生き方は、むしろ「一部の例外的人間の生き方」であると見るべきだろう。文明のない時代の人間が自然を大切にしたかどうかは何の証拠もないが、文明というものの性格を考えるならば、やはり文明以前の人間は、格段に自然とともに生きる道を歩んでいたと思われる。そうでなければ、二〇〇万年もの間、人間のはたらきがあっても自然環境が危機的な状況にまで至ったことがなく、そうなったのは、ごく最近の一〇〇年から二〇〇年の間のことであったことが説明のできないものになるだろう。

人生を時間の長さで考えるべきではないと言っても、人間を生みだした自然のはたらきから人間にしろ人生にしろ考えてみることは、人間が客観的に己を顧みるためには必要な作業であろう。じっさいこの文明社会のあり方が一般的人間の生き方と見るなら、自然と文明の対立は永遠に解けない謎になる。なぜなら、人間らしさが文明からはじまるのなら、人間が生きていくために、文明は絶対的前提になって、人間が生きるためには文明と自然の対立は決して解消しないと言うほかない。しかしそうした生き方を本質とする生物種が自然のふところから進化した、ということは、矛盾ではないのか。すなわち、「人間とは何か」という問いに対して答えようとするとき、文明生活という自然と対立する生き方をする生物種が人間らしい人間であると考えて人間の本質を規定しようとすることは、そもそも間違いではないのか。西洋の著名な哲学者たちがその点では一致しているとしても、それは哲学者自身が文明の論理に取り込まれてしまっているだけではないのか。冷静に考えてみると、こうした素朴な疑問はとうてい否定しがたくわたしたちにのしかかってくる。

さらにわたしは、わたしたちが生活の基盤にしている経済活動について考えてみた。なぜなら現代の環境破壊のようすから見て、経済活動こそ考え直していかなければならない問題であるとつねづね思っていたからである。わたしは、ある独自の道を歩むことしかしなかった某経済学者の論集に接することができて、基本から考え直してみることを教わった。すると思いの外、経済というものがいい加減な、ざる勘定でできあがっているものであることを思い知らされた。マクロ経済とか、ミクロ経済とか、計量経済とか、玄人の数式や数値を見せられると、厳密な科学に思えてきてしまうが、経済学は社会学がそうであるように、適当なところで概念把握している似非自然科学なのである。大衆を一束にして数値化しているだけである。数値化されている大衆がそれに感激して行動をともにしているのは茶番でしかない。あるいは、いいように踊らされているのは、泣くに泣けない悲喜劇である。

わたしたちは消費者として「ものの価値」について何を教わってきたのかと考えてみるのも一興だろう。じっさい道徳や科学教育については何かと世間でかまびすしいが、なぜ「ものの価値」について冷静に判断する能力を養うことについては、これほどまでに教育の問題として取り上げようとされないのか。金銭のやり取りのなかで自分を見失う子どもたちがこれほどまでに増えているのに、経済活動というものについて冷静に学ぶことを捨て置いて、みなが平気でいるのはなぜなのか。それは文明社会の人間が、それを分析して自分たちの本当の生活を見直すことを、じつは恐れているからではないのか。わたしにはそう思えてならない。

そんなことが見えてくると、結局、じつに巧妙に文明が文明の独善を隠蔽して、人間と自然の対立をあおってきたことがはっきりとしてくる。わたしたちは、あらゆる場所で文明の純粋さと偉大さを教え込まれ、自然がそのために破壊されることを致し方ない結果として受け入れるように教え込まされてきている。人間が人間らしくなったのは文明によるのであって、それがなければ動物とどこが違うのか、という、脅しにも聞こえるエリートの教えである。しかし文明が立ち上がった頃、人間は文明を誇りもしたが、同時にその罪深さも理解していたのである。ユーラシア大陸の西に広がった古い伝承を伝える旧約聖書にも、そんな雰囲気が色濃く漂っている。宗教の起源は案外そんなところにあるように思える。それが科学と産業が結びつき、市場活動が地球大に活発化するなかで、すっかり忘れ去られてしまっただけではないのか。そんな姿が、あらたに心象風景として立ち現れてくるのである。

言うまでもなく地球は有限であり、その自然環境は複雑にからんで、さらに奥深いところで有限にできあがっている。わたしたちの知らないところで生態系の崩壊がはじまるかもしれない。その不安は多くの人が共有しているが、とは言え、解決の道は見えてこないのである。なぜなら文明教育を高度に受けてその解決を見いだすべきエリートたちにとっては、そんな不安よりも文明が崩壊する不安のほうが大きいからである。というのも、文明がなければエリートの立場もないからである。その結果、おそらく、わたしたちの思考は文明の箱のなかでどうどう巡りをする。

わたしは学界の片隅で哲学研究の仕事をしてきたが、いくらか哲学の仕事に慣れてきてそれまで見えなかった哲学世界の暗がりに目がなじんでくると、今まで自分の目ではよく見えなかったがために素直に聞き従うしかないと思っていたことが、じつはとんでもないほど、聞いていたこととは違う世界であったことが分かってきた。分かってくると、なぜこんなことが分からなかったのかと不思議に思えるほど、事実は単純なのである。その単純な事実の映像を少しずらして信じ込ませ、問題を複雑にして素人をたじろがせているのが、斯界の権威なのである。そしてその権威が、見えないところで文明の価値観を疑ってはならないものとして支えているのである。

もちろん、その権威者も知らずにそうしているのであって、わざと世人をだまそうとしているのではない。子どもの頃から文明の論理にからめ取られて、それに気づかぬままに思考の論理を複雑化させ、堂々とした思想体系を構築して世人をうならせてきたのである。だからその思想の論理はじつに見事である。いかにもバランスよく、素人が知ることのできないさまざまな事実を持ち出して議論に継ぐ議論を進めて飽くことがない。プラトンの作品のなかでソクラテスは、長談義は批判をかわすことにしかならないと非難しているが、哲学も現代に至ると、哲学者のおしゃべりが率直な議論でなければならないこうした哲学の本質まで無視するほどになっている。哲学思想の世界でも、わたしたちは文明の論理からは容易に外に出られないようになっているのである。しかし、基本から素直に考え直してみると、そのいい加減さがやはり明瞭になってくる。経済学者の論理がいい加減なように、哲学者の論理も、本当は言われているほど確実なものではない、とわたしには思えるのである。

そこで最後に、わたしは文明の価値観を簡略に問い直す作業を試みた。言うまでもなく、要点だけである。しかしそれでも、基本には忠実であるので、理解は困難になっていないと思う。ただ文明が教えてきた常識にとらわれていると、やはり何のことかわからない、ということはあるかもしれない。そのときは、「おかしな人間がいるものだ」と笑ってもらえればいいと思う。先ほど触れた今は亡き経済学者も、おそらく、そのたぐいの学者だったのだろうと一人想像しているところである。

第Ⅰ章　自然の中の人間

一　進化論によって人間論を書き換える

人間とは何か、と考えるとき、わたしたちはたいてい、古来の哲学者の説を検討する。たとえば「人間は考える葦である」と語ったことで有名なパスカルは、近代的宇宙観を前提にして、人間を無限な空間のなかに孤立するものと見る。そのことを知ってわたしたちは、近代人は孤独なのだと、あらためて考える。あるいは、古代ギリシアに生きたアリストテレスから、「人間は社会的動物である」と知ると、人間は社会に認められてこそ人間なのだ、と考える。また、「三十にして立つ、四十にして惑わず」と孔子の教えを聞いて、振り返って自分の生き様を考える。このように一般に権威のある哲学者は、たいがい、かなり古い時代に属する。現代哲学者は現代についてはよく論じるが、人間についてとなると、わたしたちはいまだに古い時代、あるいはせいぜい近代の一八世紀の哲学者に頼ることを習慣にしている。

しかし、人間とは何かと問うとき、このような仕方で反省するのがつねであることに、なぜ疑問を覚えないのだろうか。わたしがこのような疑問を覚えるのは、一九世紀に「ダーウィンの進化論」が現れてから、人間とは何か、という主題について議論に大きな変化が起きなかったのがなぜなのか、理解に苦しむからである。じっさい、進化論というものは、人間の理解に根本的な反省をせまる客観的な事実のはずである。進化論によれば、人間はもともと人間であったのではなく、サルの仲間だったのである。神によってはじめから人間がいたのではなく、また自然においても、はじめから人間がいたのではなく、形態を変えて現在に至ったのである。つまり人間は永遠の過去から人間であったのではなく、「変化して」人間が誕生したのである。だとすれば、「なぜサルの仲間から変化して人間が生まれたのか」という問題を抜きにして人間とは何かを論じることはできないはずである。それによって過去の人間論が葬り去られても良いはずなのに、そのようにはならなかった。この事実は、不思議ではないだろうか。進化論は、人間がどのようにしてこの世に誕生したかを説明する唯一の科学的理論である。ところで、人間の誕生の秘密を語ることは、人間がこの世に生まれてきたことの理由を説明することである。じっさい、「なぜ」生まれたか、という理由は、「何のために」生まれたか、ということでもある。ところが、すでに述べたように、現実には、進化論以前の古来の哲学説を信奉する以外に、わたしたちはふだん「人間とは何か」を問うことがない。

ところで、コペルニクスの地動説が、西洋の宇宙観、世界観を大きく転換したことはよく知られている。つまり天空ではなく、地球自体が回転することが分かったとき、視点がひっくり返り、西洋の精神世界に大きな革命が起きたのである。英語で「回転」を意味する語、リヴォルーションが「革命」を意味するようになったのは、この歴史的事実によると言う。

ならば同じような革命がダーウィンの進化論によって、なぜ「人間観」に起きなかったのか。たしかに進化論によって、人間は進化の産物であって、神による直接の創造の産物ではないことが明らかにされた。人間はいくぶん自然のたまものとして理解されるようになった。しかしこのことにとどまって、それだけで革命が成立したと言うべきなのだろうか。しかし、少なくともわたしたちがもつ思索のなかに、進化論の登場によって実際に革命が起きたらしい形跡はない。なぜなら、その証拠に、人間とは何かと問うに際して、わたしたちは相変わらずダーウィン以前の学説を引いて何ら疑問としていないからである。もしもダーウィンの進化論によってわたしたちの人間観に革命が実際に起きていたなら、人間についての問いの答えを、ダーウィン以前に求めることなど、学者たちはほとんどまれにしかしないことになっていただろう。じっさい宇宙について語るとき、学者が天動説を地動説と同じように権威ある説明として語ったら、その学者の地位はない。天動説は歴史的地位しかないのである。ならば、ダーウィン以前の人間論も同じ歴史的地位しか与えられないはずではないだろうか。

じつのところダーウィンの進化論は人間観に革命をもたらしたのではなく、むしろ西欧の神観に革命をもたらしただけなのである。キリスト教では、神は創造者であり、何よりも神の姿に合わせて人間をつくった神である。したがって、神は直接に自分に似せて人間をつくったのであって、人間がサルに似ているというのでは、話が通らない。ところが、人間が自然の進化の過程のなかで生まれた、ということは、それまで言われていたこととは異なって、神の仕事が人間には直接に触れていないことを意味する。人間の創造が神なしに説明されることになったとき、ごく自然な大衆心理として、神は人間にとってずいぶんと不要になった。つまり西欧の宗教者にとっては、進化論はたしかに悪い意味での「革命」ないし「革新」だった。なぜなら人間は神の直接の創造物であるという事実を主張できることによって、西欧は宗教的に自分たちの誇りを守ってきたからである。進化論が科学的説明として一般に認められることになって、宗教家は、自分たちが「人間は神が神自身に似せてつくった特別の存在である」と信徒たちに語る際、科学が自分たちの説を否定することを覚悟しなければならなくなった。とは言え、科学者ないし哲学者の側でも、進化論は科学が宗教から完全にたもとを分かつことに功績があったということにとどまっている。現代において進化論がそれ以上にわたしたちがもつ人間観に革命をもたらした事実はないのである。

なぜ進化論が人間観の革命を引き起こすまでには至らなかったのかという問題は、わたしが思うに、西洋文明がもつ根幹に関わる。というのもキリスト教を抜きにしても、西洋文明の常識では人間というものは、動物と一線を画すべきものであるという確信があるからである。じっさい西洋文明は、人間がいかに他の動物とは根本的に違っているかを確認し、強調することで、自負心を満足させてきたと言っても過言ではない。進化論を知らなかった哲学者は、人間が動物にはない優秀さをいかにもつかをあげつらうことで、動物とは異なる人間性を語る。じつのところそれ以外に人間について語る方法をもたなかったのである。ところが進化論は人間とサルの間の距離を縮めてしまった。しかしまるでそのことを無視するかのように、現在でも哲学者は、この事実について有効な人間論を展開していない。すなわち、人間がサルと似ている、ということの意味が分析されていない。

哲学者はひたすら動物との違いのうちに人間論を押し込めているのである。人間はたんなる動物の一種ではなく、理性をもった動物である、という言い方である。このことは、西洋の哲学には自然との直接的な関係で人間を論じることが、人間の身体構造は別にして、本当はできないことを表している。西洋は人間の精神能力を、反省を通じて縷々説明し、人間の特長を数え上げるばかりである。それは部屋に閉じこもった人間が、鏡に映る己を見て、己の美しさを数え上げているようなものである。じっさい現代の進化論も、ほかの動物の誕生については、この身体構造はこれこれのことがらに適合していると、その理由を説明しようとすることがあるのに、人間の誕生を何らかの原因をもった事実として説明しようとはしない。人間は人間にもっとも興味をもつものだと言いながら、化石等を通じて事実を洗い出すばかりで、それをたんなる偶然のたまものとしてしか説明しないのである。あるいは人間の身体構造についても、たとえばデズモンド・モリスの著書『裸のサル』はセックスとの関係を取り上げ、その身体構造が他の動物と著しい違いをもつところは、人間どうしの関係を密にすることを目的としていると説明するばかりである。このように動物学においてすら、西洋は人間を他の生物種との関係で見ることはしない。そして同様に、西洋の哲学は理性という人間の精神的能力の一点で人間の特長を論じ、動物との共通性を拒絶する習慣をもち続けている。サルと人間が共通の祖先をもつという事実が明らかになっても、人間とサルの関係は、祖先つながり以上には説明されないのである。

しかし進化論は人間観に革命をもたらす力を本当にもっていないのだろうか。神観に革命がもたらされたことによって西欧世界は大きな革新を経験したために、進化論が人間観にも革命をもたらす潜在能力をもっていることを見過ごしてしまっているだけではないのか。西欧が見過ごしているために、西欧に習っているだけの日本をはじめとして世界の知識人は、同じように見過ごして疑問を覚えないだけではないだろうか。とくに近年、アフリカで人類の祖型を示す化石がつぎつぎ発見され、人類の進化について、より具体的な資料が集まってきている。ところで、「人間とは何か」という問いは、人類誕生の秘密に迫ることであろう。なぜなら「自分とは何か」という問いは、「人間はどこから生まれたのか」、「人間はどうしてこの地上に生まれたのか」、という問いにつながるからである。

たしかに個人の誕生の事情は、多分に偶然的でその原因を知ったからと言って自分が生まれた理由、自分が生きる理由が分かる、ということはない。つまり自分がどのような家庭、どのような母親から生まれたか、ということで自分が何のために生まれたかが分かる、ということはけっしてないのである。しかし人類という種の誕生の原因は、すべての人間が何のために生まれたかの理由となる。なぜなら、だれでも人間であることによって、その理由が自分に当てはまるからである。人間がある理由で地上に誕生したのなら、その理由があるかぎり人類には期待されている存在意義がある。なぜなら、理由とは必要性だからである。したがってその理由をまっとうするかぎり、個々人はこの地上に存在する意義がある。このように言えることは論理的に（先験的に）明らかである。したがって、なぜ人類が誕生したかを語る進化論は、きわめて大きな変化を人間論に与えることは間違いないのである。

二　生命の誕生に見いだされる生命の本質

進化論がわたしたちに教えてくれていることは、人間が神の直接の創造によって誕生したのではなく、自然のなかで誕生したという事実である。しかも自然界というものは長い年月のうちに変化してきているものであって、わたしたちが現在見る世界とは少し違った世界で人類が誕生した、ということである。しかも人類がなぜ誕生したかという疑問は、人類が誕生した時代の自然によってしか説明できないということである。なぜなら人類が誕生した頃の自然状態こそが、人類を進化させる進化圧をもっていたと考えられるからである。

したがってわたしたちは、進化によって変化してきている自然、つまり生命世界の自然というものに注目して、それがどのようなものであるかを確認し、合わせて人類誕生の秘密を考察することによって、人間観に革命が起きないものであるかどうか、あらためて検討してみる必要がある。

ところで、人間は自然のなかで誕生したと述べたが、自然とはなんだろう。わたしたちは自然と聞くと、まず無際限に広がるとも思える宇宙を考える。しかしわたしたちが現に生きていて、そのいのちを支えてくれている世界は、実際にはそれほど大きくはない。太陽や月といった幾つかの天体は重要であるにしても、おおざっぱに言ってわたしたちは、太陽系のなかで、それももっぱら地球表面の生態系のなか、という限られた空間に現に生きている。天空の世界は広大無辺であるが、現実に「生きる」ことが可能な世界は、天空全体に広がっているのではなく、地球表面の「ここ」にしかないのである。この事実は大きい。ここは宇宙のきわめて小さな一角である。それゆえわたしたちはまず、この地球という一個の惑星の生命の歴史に思いを馳せなければならない。わたしたちが生まれてきたのはその歴史からであって、天空を思う哲学者の思惟からではないからである。

わたしたちが科学者の研究を通じて現在知っていることは、だいたいつぎのようなことである。四五億年ほど前、広大無辺の宇宙のなかに地球が誕生し、奇跡的か否か、地球は水の惑星となり、そのなかに生命が誕生した。以来、さまざまな環境が地球上に出現し、生命は進化を続けてきた。ところで、生命の第一の特質として考えておかなければならないことは、生命が用いるエネルギー媒体である。なぜなら「生命」とは、ある種のはたらきであり、それはエネルギーが特殊な仕方で宇宙のなかで存在することを指すからである。したがってその特殊性は、その媒体の特殊性として存在する。たとえば宇宙空間は光エネルギーを伝える。太陽の光が真空の宇宙空間を伝って地球にもたらされることは誰でも知っている。そしてそれは光エネルギーとともに熱エネルギーも伝えている。また地球が太陽の回りを回っていることからも知られているように、宇宙空間は重力エネルギーも伝える。地球は宇宙空間のなかで太陽に引っ張られて回っているからである。これらのエネルギーは空間という媒質を伝わるので、空間のなかを、ほかに何もなくても伝わる。光は物体によって妨げられるが、宇宙においては空間の広がりのほうが大きいので、この種のエネルギーは一般に、宇宙空間のなかで普遍的必然的にはたらく、と言うことができる。

また力学的エネルギーは、わたしたちの常識では固体を媒体として伝わる。とはいえ、すでに述べたように、太陽の重力に引かれて地球は円軌道を余儀なくされている。すなわち近代物理学が明らかにしたように、重力は空間を伝わるのである。したがって力学的エネルギーのすべてが固体を媒体として、というわけではない。重力は光と同様に、宇宙空間に広がり、普遍的必然的にはたらくのである。このように重力は固体を媒体にしたり、空間を媒体にする。この伝達媒体の二重性は、熱エネルギーについても言える。つまり、熱は光に乗って空間を伝わるが、また固体という媒体では、はるかに時間をかけてではあるが、やはり伝わる。しかし、固体も比較的早い時間に、比較的一様にエネルギーを伝える性質をもつので、そのふるまいは一般に、宇宙において普遍的で必然的である。近代科学がおもにこのたぐいのエネルギー伝達に関わってきたことは注目されていい。このたぐいのエネルギー伝達の場面は、その検証を行う場合、即座に結論をえることができる。それゆえに、こうしたエネルギーのはたらく場面の研究は科学の発達を促したのである。

これに対して生命は、教科書にも書かれているように、特殊な「化学的媒体」を通してエネルギーをつくり、貯蔵し、消費することを特質としている。ところで、生命体が化学質の媒体をもつということは、きわめて重要な特徴的性質である。なぜなら生命体が化学質の媒体をもつということは、生命体においては一般に他者と直接に接することによってのみエネルギー伝達が起こりえるし、また特定の化学物質がなければ生命体のエネルギーは伝わらない、ということを意味するからである。言い換えれば、生命のエネルギーは消費されて生ずる熱エネルギー等は別として、肝要な部分は、直接に接している化学構造がなければ伝わらない、ということであり、その意味で、生命体にとって空間や不適合の化学構造体、あるいは、一般の物体は、「壁になる」ということである。こうして「化学的構造体」として生じた生命体は、それぞれの個体が、空間やその他の壁によって隔てられ、「個々に独立した存在」となることができる。つまり生命は、特異な化学構造において、一個一個別々に生物のはたらきをもつことができるのである。

他方、化学的構造体という性質をもつ生命体は、他の化学的構造体によって容易に攪乱を受ける性質をもっている。ウイルスやその他の細菌による攪乱、また、昨今「環境ホルモン」と呼ばれる化学物質による生命体の攪乱は、生命体がもつ特質が化学的性質であることによって生じるものであるために、防ぎようがない一面をもつ。しかしこの攪乱によって、生命は不安定さとともに、進化を進める多くの機会を得ている。

ところで、このように生命体という化学構造体は、独立性が強いために、またそのエネルギーが特定の媒体を通じてのみ伝わるものなので、大局的に見て、普遍的必然的にはたらくことが少なく、一般に、宇宙のなかで特殊的偶然的にはたらく。わたしの見るところ、この事実が、生命をもつものが「主体性をもち、偶然的なはたらきをもつ」ことができる本質的な理由である。すなわち、エネルギーの伝わる機会や場所が制限されていることで、偶然的な出合いがあってはじめてエネルギーが伝わる。ところで、エネルギーが伝わることで「さまざまなはたらき」が起こる。それゆえに、生命のはたらきは偶然的にしか起こらない。しかも生命は、自己増殖を一つの目的としているから、目的をもつはたらきを行う。それゆえ主体的なはたらきがあると言うことができる。

これは生命以外のものが、外部のはたらきに応じるだけの従属的で必然的なはたらきしかもたないことと比べて大きな違いである。たとえばビリヤードの玉がスティックに押されて動き、ほかの玉に当たってそれを動かす、という動きは、必然的である。同じ人間でなくとも、同じ技術で行われれば、同じ結果を得ることができる。他方、けとばされた犬がすぐさましっぽを巻いて逃げるか、突然振り向いてかみつくか、犬によって違いがある。さらに同じ犬でも、犬の行動はその時の状況にも、あるいは踏みつけた人間の態度にも左右される。一方は物体の動きであり、他方は生物の動きである。自由は本来こうした生命のはたらきがもつ本質に由来する。

　したがって「自由」を、他の動物にはない人間的なものとして特別視する議論は、あきらかに無理がある。西洋の哲学者は自由を人間にしかない特権として語るが、それはちょうど、かつて道具を使うのが人間の特質であると論じていたところ、道具を使う動物の例が見つかると、今度は道具をつくるのが、に変わり、それもほかの動物に例が見つかると、苦し紛れに、道具をつくるための道具を使うなどと進み、そのうち、この定義をあきらめてしまうほかなくなったようなものである。自由を人間の特権とするために、哲学者たちは自由と理性の関係を繰り返し問題にしてきたし、それによってかろうじて自由を人間のみのものと見なして来たのである。しかしわたしは、この態度は西洋が奴隷を扱う自由市民の社会であった歴史によるのであって、人間の本質を西洋の社会秩序から解放して考察した結果ではないと考える。その理由は今しがた述べたように、自由は、生命をもつものすべてに関わる「生きる」ということの本質から生じていると考えたほうが、合理的だからである。じっさい生命の世界は宇宙空間のなかでかなり特異な世界であると言える。つまり生命は宇宙のなかに小さな空間を占めるだけであるが、まことに特異な世界を切り開いている。このことをまず認識すべきである。人間を他の動物から区別する事実は、その後の進化の過程を見据えるなかで見いだすべきことがらに属する。このような重層性を人間の本質のなかに考えることは、人間が生物界の一員として、進化によって現れた種であることを前提にしている。すなわち、わたしの考えでは、人間の理性も自由意志も、「永遠の過去」から存在する人間にそなわる永遠の本質ではなく、進化を通して伝わり、変化してきて生まれた人間にそなわった本質であると見なすべきだからである。

ところで、自由であるという生命世界のこの特殊性は、何よりも二重螺旋の構造が示唆しているものなのかもしれない。というのも、「螺旋構造」は次元を超えるはたらきを内臓しているようにも見えるからである。数学者のメビウスが示した半ひねりの環は、よく知られているように、二次元（面）と三次元（空間）の違いを直観的に理解させてくれる。環の表面上を歩く二次元の動きは、三次元空間における「ひねり」によって、つねに環の反対側の表面につながっている。このことは二次元しか理解できないものにはまったく理解できない。たとえば、環の表面を歩くものは、その表面の反対側を歩いて、実際にはもとのところにたどり着くが、自分が外側をたどった事実は認識できない。つまり「二次元の動きが、半ひねりの構造によって二次元の動きのまま、二次元では理解しがたい事実を生み出す」ことができるのである。その際、二次元では理解しがたい事実とは、二次元の世界では理解できないし、認識もできない事実であることが重要である。それは一段うえの三次元の世界においてはじめて理解される。つまり三次元空間にいてそれを見ている人間は、環がひねられているために、両面が片面になっている、という事実を理解することができる。

これと同様のことが生命の二重螺旋の構造でも起こるのではないか。それは物質的三次元の構造ではあるが、三次元を超えた空間構造への道が、二重螺旋の構造を通して生命の世界という特異な世界を切り開いているのかもしれない。すなわち「三次元の動きが、螺旋構造を通して三次元の動きのまま、三次元では理解しがたい事実を生みだす」と言えるのかもしれない。言うまでもなく、これはわたしの推測でしかない。しかし、このような類比推理（甲と乙の関係が、乙と丙の間にあると推測すること）は、根拠のない推測とは言えない。科学者たちも日常的に類比推理を行って仮説を立てているからである。そして三次元を超えた事実において、生命は科学によっても理解しがたい事態を引き起こしているのかもしれない、と思えるのである。メビウスが示した不思議な「環」は、そのことをわたしたちに示唆しているように見える。そして科学によっても認識できないし、理解できない事態のうち最大のものが、生命の進化なのかもしれない。それゆえ、進化について語るとき、わたしたちは進化の本質まで明らかにすることはできるのだろうか。不安もよぎる。わたしたちにできることは、今のところ見いだされた事実を追うことによって、可能な範囲でそれをつまびらかにして、生命の本質をさぐるほかにできることはないだろう。しかし人間の本質には「生命である」ということが含まれている。わたしはそのことで人間は「自由である」と考える。しかし、「生命である」ということは「自由である」こと以上のものを含まないか、それも考えてみる必要がある。そのためには、さらに生命がなしてきたことを考察しなければならない。

三　光合成が切り開いた世界

それゆえ科学が明らかにしてきた生命の歴史を振り返ってみよう。生命の誕生は三八億年前とも言われるが、とくに三五億年ほど前、光合成を行う生命の誕生があったことは、地球という惑星にとって一大事件であった。当初のバクテリアによる光合成は酸素を発生することがなかったが、ほどなくして水と二酸化炭素から太陽の光エネルギーを受けて、炭水化物（糖分）とともに酸素を放出する光合成がらん藻と呼ばれる藻類（あるいはシアノバクテリアと呼ばれるバクテリア）によって行われるようになったのである。酸素は当初、地球表面に豊富にあった鉄分などに吸収されたが、鉄分への吸収が終わると、しだいに海水中に酸素が蓄積され、そこが飽和状態になるにつれ、さらに大気中に酸素が蓄積されていった。

古い時代の大気組成を推測するうえで地球に近い火星や金星の大気組成が参考になる。火星や金星では、二酸化炭素の割合は九五パーセントを超えている。これに対して地球大気の二酸化炭素割合は、じつに〇・〇三パーセントである。窒素は、火星や金星では三パーセント程度であるが、地球では約八〇パーセントである。もっとも興味がもたれる酸素は、火星で〇・一パーセント、金星で〇・〇〇七パーセント、これに対して地球では二〇パーセントを超えている。このようにそれぞれのガスの割合が、地球と他の惑星とではまったく違っているのである。この事実は、生命が地球という一個の惑星の表面を大きく変化させる力をもつことを意味している。じっさい、この違いは地球上の生命のはたらきの結果であるとしか、現在のところ科学的に考えられていないのである。

ところで、大気中の酸素の増大は大気の組成を変化させるだけでなく、気温を低下させる。これによって大気中に気化していた水分の多くが雨となって地上に降り注ぐことになった。そして大気中に酸素が増大することによって、さらに大気の上層、成層圏にオゾン層が形成された。このオゾン層の形成に伴い、地上に降り注ぐ紫外線が有効にカットされ、地上にまで生命の生存可能領域が拡大したのである。それまで生命体は生命をおびやかす紫外線によって水中に閉じこめられていた。しかし、生命は、光合成を通じて酸素原子をつなげたオゾン層という、きわめて効果的な紫外線バリアーを大気の上層に作りだした。これによって生命は地上に進出することができることになったのである。このとき生命は地球表面の全体を支配する力をもったと言えるだろう。

この事実からもわたしはつぎのことが明らかであると考える。すなわち、生命は物質から生まれたが、二重螺旋という特殊な分子構造によって疑いようもなく物質の次元を超えている。なぜなら、生命の自己増殖は物質の結晶化とは明らかに違うからである。物質の結晶は、材料が近傍になくなれば止まるが、生命は「壁を乗り越える」仕事を続けてきた。じっさい、たとえ当初は物質の結晶化と生命の自己増殖が類似していたとしても、いずれ触媒作用と運動エネルギーの蓄積（光合成による糖分の形成）をたよりに、生命は自己増殖のための目的行動を始めたにちがいないからである。少なくともこの結果から次のことが言える。科学に全幅の信頼を寄せる人々はものごとを物質的に考えることを好み、生命が主体的行動を取ると述べることは、擬人的な表現であると考えがちである。しかし生命が物質とは違うということは、明確に受け入れるべきであるとわたしは主張する。物質は、目的行動をけっしてとらない。したがって、増殖のために動くことはしない。生命はそれをするのである。

とくに生命が光合成を通じて水中や大気の環境を変えてきたことは、生命が物質とは異なることを際立たせている。つまり疑いようもなく生命は特殊な分子構造によって物質の次元を超えてはたらき、それによって「新しい世界」を創造してきたのである。物質は単純に自己のもつものを「普遍的に展開する」のみであり、それらは素粒子のような微細な段階を除けば、「予測しうる展開」に過ぎない。これに対して生命による創造はつねに「予測しがたい新しさ」を含んでいる。たとえば光合成は酸素と糖を形成する。これはきわめて複雑なはたらきで、現代の人間の技術ではまったくまねのできないほどのものである。たしかにできあがってしまえば説明できるはたらきであるが、生命以前の前提のなかでは、予測しがたい展開であった。なぜなら物質次元では、そんなことをする必要は何も見あたらないからである。物質はただ偶然と必然に身を任して自己の可能性を展開するのみで十全である。これに対して生命は目的行動を取るがゆえに、物質の次元の論理では予測できない展開を実現する。

生命は豊富に存在した二酸化炭素を用いて光合成をはじめた。その始まりは偶然にできた分子からであったことは事実である。しかし、このひとつの偶然が一時のことがらとして霧散することなく、引き続いて生命のはたらきとして増殖していく。このことにこそ、わたしたちは生命理解のために注目しなければならない。わたしに言わせれば、ここにこそ生命の本質があるのである。じっさい偶然を「一過性のことがらとして霧散させない」ことは生命の本質的な力である。他方、物質にとって、偶然は一過性のことでしかない。むしろ決まった連続にならないことが偶然の意味である。ところが生命は自己増殖であるがゆえに、生命世界で偶然に起こったことは、それが生命にとっての成功であるなら、かならず増殖し、個体数を増していく。その力で当初は一箇所にしか存在しなかったことが、あちこちに広がる。すなわち当初は「ここ」にしかなかったことが、増殖を通じて「どこにでも」あることに変わる。ここにしかなかったことが、どこにでもあることになったとき、あたりの世界はそれ以前とは一変した世界になる。言い換えると、生命の自己増殖というはたらきによって、生命が占める世界において、特殊が普遍化されるのである。このように、一個の偶然によって世界を大きく変える力を生命は見せるのである。これは物質と生命の本質的違いである。

じっさいわたしたち人間も、その人生においてさまざまな偶然に出会い、その偶然を活かして人生を切り開いていく。ときにはその偶然が世界を大きく変える。こうしたことは人生における希望として、さまざまに言われてきたことである。とくに人間においては、言葉がもつ力によって、一人が出会った偶然が多くの人々に広まり、生物の自己増殖とは異なるかたちで普遍化が起こる。とくに最近はテクノロジーの発達によって、言葉だけでなく、音声や映像が世界のすみずみまで一瞬のうちに行き渡る。それは人間の世界を変える。しかし偶然が活かされることによってその後の生があらたな展開を始めるということは、人間の生だけにあることがらではなく、生命に普遍的なことがらなのである。「生きる」とは、だから「偶然の出会いを活かす」ことに尽きる。偶然の出会いを活かすことができないと、人間でも、他の生物でも、生は充実しない。つまりこのことは、生命にとってじつに普遍的な本質なのである。

すなわち自己増殖する分子が地球上に偶然に生まれたが、それが引き続いて増殖することによって、自己増殖がいっときのたわむれに終わらないこととなった。自己増殖は偶然起こったとしても、自己増殖は偶然を一過性のものとはしなくなったのである。このとき物質世界の偶然とは異なる生命世界の偶然が「歴史」をつくりはじめた。たとえば光合成を行う分子が偶然生まれれば、生命のはたらきによってこの偶然が活かされ、太陽光のエネルギーが地球表面に固定され、新たな生命環境をつくりだしていった。これを物質世界のできごとの一つとだけ見なすことは、次元の変化をとらえることができない言語の貧しさによると、あえて言っておこう。生命の世界は、物質世界のなかにありながら、新たな次元をもつ「新しい世界」なのである。

この新しい世界を地球上に確実にしたのは、何よりも葉緑素による光合成である。なぜなら光合成によって「地球圏外から」生命のためのエネルギーが取り込まれることになったからである。それまでは、地球がそもそも持っていた元素のみが生命のエネルギー源だった。したがってそれを使い尽くせば地球上の生命には滅亡が待っていた。光合成によって地球圏外の太陽から地上の生命が利用するエネルギーがつくられることになり、地球上の生命は永続する可能性を手に入れたのである。太陽の輝きは、ほとんど永遠的で、しかも地球圏外にあるために、そのエネルギーの創出に際して起こるマイナスを、地球圏の生命は背負い込む必要がないからである。現在人間は核エネルギーという、太陽のエネルギーの類似品をもつようになっているが、それをもつために、大きなマイナス、つまり放射性のゴミを処理することで頭を悩ませていることを考えてみればいい。何十億年も前の生命は、人類のそんな悩みを解決する知恵をすでにもっていたと言うべきである。それゆえ生命は葉緑素による光合成の成功によってまったく新しい歴史に達したと言える。

四　種の多様化と生態系の成立

それはまた生命が本源的にもっている能力が物質の次元を超えるものであることを見事に物語っている。わたしたちの科学においても、生命的なはたらき（技術）抜きに、太陽の光エネルギーを安全に効率的に貯蔵する方法が生み出されると考えることはできないだろう。しかも生命の自己増殖は「個体の自己増殖」にとどまらない。生命という大きな視点からすると、光合成を行う種が誕生してますます盛んとなった「種の多様化」は、生命世界の多様化であり、また生命領域の拡大であり、これもまた一種の自己増殖だからである。つまりある種が進化すると、その種が新たな環境を造成し、それによって新たな種の出現が可能となる。それゆえまた、生命は光合成を始めることで終わったのではない。その後の数十億年の歴史はさらに多くの偶然が世界を変えてきた歴史となっている。事実、光合成によって酸素と糖分がつくりだされていくと、そこから生じた酸素と糖分を、今度は自分が生存するために利用する生命体があらたに進化した。あらたに進化した種は、一般向けの生物学の書物によれば、ミトコンドリア型バクテリアと総称される。これもまた偶然であった。糖分はその生命体のエネルギー源であり、酸素はそのエネルギーの解放剤となった。ミトコンドリア型バクテリアは、糖分を取り込み、つぎに酸素を取り込んでそれを燃やし、それによってエネルギーを得て生きるバクテリアなのである。ある生命がつくりだしたものを他の生命が生きる上で利用する。これは、わたしのことばで言い換えると、生命は生命自身が大いに利用するところのものを「自ら生成して自己増殖」する、という段階にまで進んだのである。またどの段階においても、生命は自身が偶然に生まれたという出自をもつことから、「偶然を活かす」ことに生命の本質とも言うべき力を示してきた。こうして、一面では新たな環境の造成によってかつての環境に適応していたものが、一部において絶滅するが、それも全般的ではなく、一般的に、あるいは、長いスパンで見れば、生命は種の次元でもつぎつぎに新しい種を増やし、自己増殖を成功させてきたのである。

ところで、種が多様化すると、さまざまな種が「生態系を構成する」ようになる。わたしたちは生命の本質性格をこの点においても見誤らないようにしなければならない。生命は偶然を活かして、偶然に手に入れたものを増殖という手段によって普遍化し、永続的なものにするが、しかし増殖によって、単純に他者を追いやることはしてこなかった。つまり自分と同じもので空間を満たしてしまえばそれで生命の目的は達成された、ということではなく、実際には、偶然を活かして多様な種を発現させてきたのである。そしてそれらの多様な種はお互いに没交渉であったのではなく、むしろ「相互に深いつながりをもってお互いを存続させてきた」のである。言い換えると、種の進化が起こると、科学が明らかにしてきたことによれば、古い種がそのために絶滅したのではなく、あたらしい環境を相互の間でつくってきたのである。

生態系の基本を生物学の教科書で見直してみよう。葉緑素をもつのは藻類と植物類である。プランクトンのような小さなものから鯨や象のような大きなものまで、動物は藻類や植物類に依存して生きている。すなわち、動物は藻類や植物を食べるか、あるいは、藻類や植物を食べる動物を捕食して生きている。他方、動物たちは植物の花粉を運んだり、種を運んで植物の繁殖域の拡大に貢献している。また必要な栄養分を吸収したあとは、自分たちの体内で分解した栄養分を大地や海に返し、また死ねば分解して、やはり自分たちの体を構成していた栄養分を大地や海に返してきた。ただしこのように言うと、動物が一方的に植物や藻類を食べる、という、食べるもの（捕食）と食べられるもの（被捕食）の関係で両者を見てしまうが、実際には両者の関係は一方的な搾取関係（食物連鎖）ではないのである。

五　植物と動物の関係

たとえばある種の植物に依存する動物はその植物をすべて食べ尽くしてしまうことは絶対にない。そんなことをしてしまえば明日から食べるものがなくなるから当然である。つまり動物が植物を食べると言っても、実際にはその「ごく一部を食べる」だけであって、大部分は食べたりしないのである。そのうえ、動物は植物から栄養分を摂取したあとは、アンモニアと二酸化炭素を排出する。それらはまた植物の栄養源となる。したがって逆の立場から言えば、「植物は自分たちの一部を動物に提供し、それによって動物を存続させ、また動物が植物の一部を食料にすることを利用して、不必要な余剰分となる糖分を動物に分解してもらってそれをあらたな生長の糧にする。このほか、たとえば動物の移動能力を使って種を運んでもらう。あるいは、食餌行動を通じてさまざまにその行動を導いて植物自身を存続させてきている」のである。

たとえばサルは樹上に登って葉を食べる。人はサルが果実食であると勘違いしているが、葉には動物が必要としているタンパク質が比較的多く含まれているのである。秋に実る果実には、糖分や脂肪分が多く、それは動物が冬を過ごすための栄養分になる。しかし通常、動物は植物と異なりタンパク質を多く必要としている。そのタンパク質は葉に含まれるのである。そのためかれらは樹上高くまで登って枝を伝って柔らかくて甘みのある葉を好んで食べようとする。それは新しく出た葉である。すると、サルは枝先の葉を採るために、登る途中にしろ、枝を伝う途中にしろ、進路をじゃまする小枝を払う。すると樹木は、幹近くに出てしまった小枝や大きな枝から出た中途半端な枝を払われて風通しが良くなる。光合成のはたらきのために、大気中に〇・〇三パーセントしかない二酸化炭素を用いる樹木にとっては、風通しは、涼しいかどうかの問題ではなく、じつは死活問題であることを忘れるべきではない。それゆえ、サルが小枝を払うことは、サルの勝手、というものではなく、樹木に対するサルの親切な行為でもある。

また樹木は、サルに枝先の葉を食べてもらうことを通じて、枝が伸びすぎてしまうことを避けることができる。こうして樹木は、サルに葉を食べてもらうことによってそれぞれの枝を適度に張りながら、効率的に幹を高く延ばすことができる。なぜなら、たとえば下枝が伸びすぎると、その枝を成長させることに使われてしまう栄養分が無駄になるからである。サルが枝先を食べることによって枝の伸張が止められると、栄養分がむしろ幹を高くすることに使われることになる。いずれにしろこうすることで樹木は、バランスのいい、もっとも効率的に太陽光線を受ける姿を樹木全体の形姿としてとることができるようになる、と考えることができる。また無駄な枝を払ってもらうことで風通しが良くなる。このことによって樹木は大気中の二酸化炭素を効率的に取り込み、さらに一枚一枚の葉を通じて蒸散する水の流れによって効率的に根から水を吸い上げることができる。こうして樹木は、動物が訪れることによってはじめて太陽の光と二酸化炭素と水を、もっとも効率的に得る姿を整えることができる。したがって樹木は、むしろ動物に食べられることによって光合成のはたらきを最高度に、効率的に行えるようになるのである。

つまりサルはその食餌行動を通じて樹木の剪定を行って、樹木がもっとも効率的に光合成をすすめることができるようにしている。冬芽などをかじるリスなどの囓歯類も同じである。それによって春に出る若葉の数が抑制され、太陽光に対して葉が重なり合うことがなくなる。また、シカなどは、枝が伸びすぎて垂れ下がってしまった枝先を地上から食べることを通じて、また、根元から出たひこばえの枝を食べることによって、やはり樹木を剪定しているのである。人間の剪定が行われない山野の樹木が、すぐれた造園業者が管理している庭園の樹木と比べても、見劣りしない見事な枝振りをもつことができるのは、こうした動物のはたらきによるのである。じっさい、むしろ造園業者の仕事とは、動物のいない都会で動物たちのはたらきをまねることで成り立っているのである。

あるいはまた、山野の樹木も草類も、日本では梅雨の時季に激しく繁茂する。この時季はまた昆虫が増殖し、動物たちの子育ての時季である。柔らかい草や葉は多くの昆虫や動物の子や親を養って、そのことによって山野の樹木や草類はバランスよく繁茂している。もしも食べる動物たちが居なければ、生い茂った草で地面もその上も覆い尽くされて、息もつけない状態になってしまうだろう。そうなれば、植物は光合成がうまくできなくなり、植物自身の体内の循環もおかしくなって、植物自身が腐ってしまう。つまり動物がいなければ山野は荒れてしまうのである。

他方、柔らかい葉を食べる昆虫その他の虫が増えれば、それを食べる鳥類がそれを抑制する。こうして植物は、一部を食べてもらいながら、別の動物を捕食者として呼び込み、食べられ過ぎることをたくみに避けている。また冬になれば、イノシシたちがクズなどの根を掘り出して食べる。こうすることによってイノシシは、クズが樹木に巻き付いて樹木を枯らしてしまうことを抑制しているのである。

以上の動物と植物の関係に気づいたのは、わたし自身の経験に基づいている。学者たちの見解によるものではない。わたしは複数の場所で、カマを振るって繁茂する草を刈り、木に登ってノコギリで木の枝を払ったことがある。一年の内、真夏や秋に草を刈っても、草の種類に変化は起こらなかった。つぎの年も同じようなやっかいな草ばかりが繁茂するのである。ところが梅雨の時期に草を刈ると、たった一度の草刈りで、とたんに草の種類が多様化した。目を見張る現象だった。いったいなぜか、と思った。考えられる答えは、唯一、それが野生の動物たちの子育ての時季である、ということだけだった。また、木の枝を刈る場合、下から眺めて考えて枝を刈ると、どうにもバランスの悪いものになるが、木に登って、上から枝を刈ると、教えられなくともバランスよく枝を刈ることができることを知った。しかも、枝を刈られてすっきりした木は、勢いよく成長した。これに対して放って置かれた木は、なかなか生長せず、そのうち病気になって虫がついてしまった。しかしその木も、あわてて枝をおろし、葉をすかしてやると、すぐに元気になった。わたしは木に登りながら、なぜだろう、と思った。そして木の上で考えているうちに、ふと、山には造園業者が入っていないのに、すばらしい枝振りの木がたくさんあるのはなぜか、と思った。わたしはそのとき、山には動物がいることに気づいた。つまりわたしがしていることは、自然界では動物がしていることだったのである。そう思って考えてみると、生態系を構成している食物連鎖の意味が納得できるものになった。植物にとって動物に食べられることは、マイナスではなく、プラスなのだと言うことである。その後わたしが手を入れていた場所は、専門家の調査によってもっとも多くのクモの巣が安定的にあることが明らかになった。すなわち、わたしという人手の入った場所は、人手のほとんど入っていない場所と比べて、はるかに自然度の高い場所となっていたことが裏付けられた。

今日まで、一般には、植物が動物を利用していると言えば、もっぱら、その実や種を動物に運んでもらう、ということが言われている。鳥が食べてフンといっしょに種を落とすとか、動物の体毛について種が運ばれるとか、である。しかし植物が動物を利用する場面は、現実にはそればかりではない。じつは植物は、動物に食べてもらうことを前提にして葉を出し、枝を伸ばしているのである。かれらに食物を提供しながら、そのことを折り込み済みで生長し、繁茂している。つまり動物がいなくなれば、植物は自身の繁茂によって、かえって存続が危うくなるのである。現在のところ動物学者たちは、自然に動物が生きている場面を観察しているが、動物がいなければ植物がどうなるか、という場面は観察していない。また植物学者も、動物のはたらきによって植物の生長が変化することを研究していないらしい。したがって、今のところ、わたしが言う動物と植物の関係は、生態学の世界でも学説として確立していない。しかし、わたしは、動物のいない場所で植物とつき合うことを通じて、このことには確信をもっている。植物は、動物が食べに来ることがなければ、生きていけなくなるのである。この関係は一方的な食べる食べられる関係では決してない。むしろ植物が動物にエサを与えて、動物たちに、自分たちの管理作業をすることを促し、そのために植物は動物を支えている、と見るべき関係である。したがってこの関係は、食べるものと食べられるものとの関係と言うよりも、むしろ「食べる」ことを互いの関わり方として「共生している」関係なのである。つまり植物が動物に食糧を提供し、動物は植物に促されて行動することによって、地球上の生命の基盤となっている植物を守り育てている、という関係である。

それゆえ、わたし自身が経験から学んだことが正しければ、植物を土台として生態系の生物種たちは、「食」の関係で結ばれ、お互いに「いのちを育み合う」関係をもっていると言うことができる。なぜなら植物によって動物のいのちが育まれ、動物によって植物のいのちが育まれる関係があるからである。あるいは、それぞれが互いの「いのちの交換」を通してお互いを成り立たせている関係が自然界の姿だ、と言うことができる。それゆえここには平等な相互関係があるのみであって、一方的な搾取の関係はまったくない。どちらかが損をして、他方が得をするということではない。お互いが得をして、生きているのである。いわゆる完全な共生関係なのである。わたしが見いだした生態系とはそのようなものである。

ところが一般には、生命のはたらきは「生存をめぐる戦いである」と理解されている。文明社会のなかで戦争に反対し、徹底的に平和主義を貫こうとする人でさえ、「生きることは戦いである」と言ってはばからない。これに対してわたしが見いだした生命の理解は、「生きることは戦いではなく、偶然をとらえて生命領域を発展させること、その意味で偶然を活かすものである」と言うことができる。後に文明を明らかにするところで述べるつもりであるが、わたしの理解では、もともと文明というものは競争で成り立っている。そのために、その中では、戦いが基本になる。戦いに勝ったものは優秀さを証明されて地位を手に入れ、負けたものは生きていけなくなる。そのため、文明人は戦い以外の生き方を見ることができなくなって、ほかの生物も同じ戦いの中にある、と単純に思いこんでいるのである。

しかし、ほかの生物の生活が戦いになるのは、限られた場面においてだけである。たとえば一匹のサルが森の中を移動していて、エサを見つけるのは偶然である。たまたま前に見つけたものがそれを食べる。遅れてそこに来たサルはエサを見いださない。この場合、エサをめぐって戦いがあるわけではない。戦いがありえるのは、二匹のサルが同時に同じエサを見つけるという条件のなかだけである。こういう条件が整うのは、同じ群に属する場合ぐらいしか日常的ではない。ところで同じ群での戦いなら、基本的に繁殖期の性淘汰ということになる。つまり同じエサをめぐって、いずれがそれをより多く取ることができるかによって、子孫をより多く残すことができるかが決まり、自分の遺伝子が拡散する、ということである。これを戦いの勝利と見なすことができるなら、「生きることは戦いだ」という意味もありえるが、こうした場面のみが「生きる」

ことのすべてと見るのは、やはり無理がある。なぜなら、地球上の動物は、群で生きる動物ばかりではないからである。生命の普遍的真理として「生きることは戦いである」と言うためには、単独生活が大部分の動物についても、それが言えなくてはならない。

進化論を唱えたダーウィンは、進化を引き起こす原因として性淘汰を挙げた。要するに、なわばりを維持する力をもつ個体は、その力によって、より多くの子孫を残すことができるので、ある地域の個体群のなかでその特殊能力をもつ個体が遺伝子を多く残し、それによって、その地域の個体群の遺伝的要素が変化して、種が進化する、ということである。しかしながら、この説には前提があり、それは、さまざまな地域の個体群がそれぞれの地域で食料を提供してくれる生態系（その基盤は植物である）が時とともに変化しなければ、という前提である。すなわち、その同じ食料をめぐって戦いが起こり、優秀な個体が勝ち残って（遺伝子を多く残して）種の進化が起こる、と説明される。しかし、各地域で植生に微妙な違いがあるのが事実である。そのために、それぞれの地域で特性のある植生に適合した個体の遺伝子がより多く残り、地域ごとに種が異なってくる、ということのほうが、競争に打ち勝って、ということよりありそうなことであろう。

じっさい植生に違いがあることを考えた場合、「戦い」があると言うことができるだろうか。ある果物を嫌っている人間と、好んでいる人間がいて、そこにその果物があった場合、両者の間に戦いなど起こらない。そしてその果物を好む人間は、その果物が多く成るところに住むし、そうでない人間は別のところに住むだろう。長い年月の間に二つの社会の間に異なる遺伝的要素が増える。ここから進化が起こる可能性は否定できない。しかし明らかにこれは戦いの結果ではないだろう。

わたしは動物の種の進化は、動物に食料を提供している植物の進化にともなうと考えている。植生に地域特性が生まれ、それによって動物の種が進化するのである。したがって、個体どうしの戦いが種を進化させる、とは考えない。個体どうしの戦いは、むしろ個体群がもっている遺伝的多様性を失わせるだけではないだろうか。ところが進化は、多様性を増大させ、複雑な生態系をつくってきた。それゆえ、競争による進化というのは、矛盾を含む。すなわち、進化は多様性を増大させるが、競争は勝つものの数を減らしていくからである。どんな競争でも優勝するのは一人であるか一つのチームである。勝ち負けを争い、勝ったものどうしでも勝ち負けを争って、競争を続けていく内に勝者が増えて、最後にメダルを取るのが、一人ではなく、反対に何十人にもなる、という競争はありえない。しかし進化の現実は、多様性を減少させるのではなく、増大させるものである。生き残る種が進化によってむしろ増加する。ところで進化とは、生命の本質に属する。もしも進化が戦いの結果であるなら、たしかに生きるとは戦いであると言うことができる。しかしそれは以上のような理由で、けっして真実ではないと思われる。わたしが見るところ、むしろ植物との共生が動物の種を進化させてきたと言うべきだろう。すなわち、論理的に見ても、競争や戦いより、共生のほうが生命の本質を表わしている。それゆえ生きるとは、戦いであるよりも協力なのである。

六　恐竜の絶滅

したがって、おそらく恐竜の絶滅も、本質的にはけっして巨大隕石によるものでも、異常気象によるものでもない。もしも地球全体をおおうような巨大な事故やそれにともなう異常気象が恐竜の絶滅の原因であるとしたら、同時期に生物の大量絶滅が起きていたはずであるが、残された化石の状況からして、そういう事実はないからである。絶滅したのは、恐竜ばかりだった。したがって、恐竜は、むしろ恐竜が植物管理の役目を果たす上で、植物の期待に応えられなくなったから絶滅したのだと考えられる。そのように考えれば不思議なことは何もない。調査によれば、恐竜が誕生し、栄えた頃は、まだ二酸化炭素が現在の一八倍という状態であったと推測されている。そのため大気も高温状態で平均で現在より一〇度以上暖かかったと見られる。そのようななかで地上に進出した植物が短期間に巨大化の道をとり、繁茂した時代であった。まだ地上の植物を食べる動物が発達していなかったので、この頃に植物の消化されなかった遺骸が現在の石炭や石油のもとになったと見られている。古生代後期で、石炭期と言われる時代である。四億年から三億年前になる。

そもそも四億年ほど前、多細胞生物が海から地上に進出しはじめた頃は、シダ類が湿地に進出しただけだったので、は虫類や両生類がその下で進化の下地をつくっていたのであった。つまり地上では湿地部分にしか生命の領域はなかったのである。その後、植物は巨大化とともに、裸子植物を進化させ、それによって乾燥に耐えられる種子が奥地にも散布されて森林が湿地の外にも広がるようになった。これによってはじめて植物が地上全体をおおうようになった。すると広大な森林によって莫大な太陽エネルギーが蓄積されることになり、地上で新種が進化する基礎ができあがった。この期待に答えたのが、湿地の植物の葉の下でつぎの時代を待っていたは虫類であった。ほ乳類も存在したが、比較的高温の状態が地球を覆っていた状態では、変温動物のために体温を保つエネルギーを使わないは虫類のほうが、当時はエネルギー効率のよい動物だったのである。

ところでその頃は、まだ樹木に登って作業ができるサル類も、昆虫も、鳥類も、進化していないか、十分に進化していない状態だった。しかしすでに明らかにしたように、わたしの考えが正しければ、植物は葉を食べてくれる動物を必要としている。しかも植物は現代では想像もできないほどに巨大化している。それゆえ、巨大植物は、大きな体を使って「自分たちの背の高さで」枝先を大量に食べてくれる巨大な動物を必要とした、と考えることができる。その期待に答えたのがは虫類であり、恐竜だったのである。太陽の光を浴び、豊富な二酸化炭素を吸ってよく繁茂する植物を、恐竜は大量に食べ、それによって植物たちを有効に管理することができた。こうして恐竜の栄える時代・中生代が来た、と考えることができる。だいたい二億年前である。

ところが、植物の繁茂と多様化を通じて酸素が大気中にさらに増え、大気の温度が下がり、二酸化炭素が減ったために、しだいに樹木もそれほど大きく成長しなくなっていった。それと同時にサル類や鳥類、昆虫類が発達した。サル類は樹木の枝を伝うことができたし、鳥類は空を飛んで器用に枝先に止まることができた。また、昆虫類は葉の先に卵を産み付けることもできた。それによって植物はより繊細に自分たち植物の管理をしてくれる動物を得ることができたのである。

とくに植物は小さな虫たちのはたらきに注目し、かれらを利用することを選んだ。花を開く顕花植物の登場である。多様な顕花植物が進化し、それにともなって多様な昆虫類が爆発的に進化した。昆虫はサルや鳥が入り込めないところまで入り込み、植物の生長を管理した。同時に授粉を助け、植物の繁殖の手助けの点でも、サルや鳥にはまねできない手腕を発揮した。昆虫類は、その体が小さいにもかかわらず、鳥のように空を飛び、地中にもぐることすら可能であったために、植物にとってはまたとないパートナーとなったのである。昆虫類は特定の種類の植物に密着して、植物と運命をともにする動物となった。

このように植物はかずかずのパートナーを見いだすことができるようになり、しだいに恐竜は植物にとって不要な生き物となった、と考えられる。こうして絶滅の道をたどることが決定したのである。体躯の小さな生物は少量の食料でも生き延びることができるので、植物が退潮し、食料を減らせば、もっとも影響をうけるのは体躯の大きい恐竜であった。たとえばここに「一〇」の食料が毎年生産される地域があったとしよう。そこに毎年「八」を超える食料を必要とする恐竜が二匹、「一」あれば足りるほ乳類が二匹いたとしよう。どうなるか。恐竜はどちらかが生き残るための戦いを強いられる。しかしほ乳類は戦いなしに両方とも生きることができる。恐竜は両方が戦いながら相手をすぐには殺すことができず、両方とも十分食料を得られずに絶滅するか、恐竜の一方が早めに死ぬことで他方が運良く生き延びることができるか、どちらかしかない。たとえ運良く一方が生き延びても、他の地域からやってきた恐竜との戦いが続くことになるだろう。それゆえ植物は自ら退潮し、身を縮め、恐竜を絶滅に追いやったのである。替わりに、小さな種を存続させ、進化させ、その後の進化の基盤をは虫類から、ほ乳類と昆虫へと替えてきた（したがって、現在先進国の人間が恐竜なみにエネルギーを消費していることは、人類が恐竜と同様の過程を経て絶滅する危険を暗示している。恐竜が、環境条件が変化してもエネルギー消費を変えることができずに絶滅したように、人類も同じ運命をたどる可能性が高い）。このように考えれば、恐竜が絶滅しながらその他の種が比較的存続してきた理由が飲み込めるのである。したがって動物の進化は、本来、植物の戦略によって決まってくるのであって、最高位の神の計画によるのではないし、ましてや単なる偶然によるものでもない、と考えることができる。こうして六五〇〇万年ほど前、中生代が終わり新生代がやってきたのである。

たしかに進化のきっかけは、遺伝子レベルでの配置の偶然かもしれない。しかし、偶然生まれた新種が存続するためには必然的な理由がなければならない。なかでも食料となる植物の有無は決定的なものである。すなわち、植物が食料となるものを提供しなければ、どれほど優秀な動物が進化したとしても生存する可能性はない。動物には光合成のはたらきがないのであるから、理論的に見て疑問の余地はない。そしてそこには植物がもつ知恵がはたらいていて、動物は、植物が必要とするかたちに進化を遂げてきたのである。それゆえ動物の進化に関しては、動物が勝手気ままに植物を食料にして増殖し、自分たちの間で競争が生じて、その結果として動物がさまざまに進化してきたと見るのは、明らかに間違いである。むしろ「植物が自分たちの進化に合わせて動物を進化させてきた」と、一般的に言うべきなのである。したがって植物の進化を抜きにして動物の進化や分類を語るのは無意味である。

また以上のことから、動物は一般的に言えば、植物の一部を、食べることで分解し、栄養分の循環を生物世界のなかで効率的・調和的に行うことを役目としている。動物が未発達であったとき、たとえば六億年以上前、葉緑素のはたらきが過大になって地球全体が凍結したことがあったらしい。しかしそのあと、多細胞の動物が発達してより多くの植物を食べて分解し、葉緑素のはたらきが過大にならないように調整する役割を果たすことができるようになった。その後も植物の進化発展に合わせて動物も進化発展して、植物の一部を分解して栄養素の循環を効率的・調和的に行ってきたのである。したがって、動物は一般に食べるという行動を通じて生態系のなかで重要な役割を果たしているのであるから、それが仕事だ、と言うべきだろう。ところで、都会の人のなかに野生生物に対してエサをやることを慈善行為と考える人がいる。しかし、それが慈善行為になると考えるのは、食料の供給を他人に依存している人間がもつ誤解である。

動物は、食物があれば、それを食べることが自分の義務であると、受け取るのである。すでに述べたように、動物は食べることで栄養素を分解して循環の流れに乗せることが自分の役割だと、本能で理解しているからである。それゆえ、人間は動物を喜ばせようとエサを与えるが、動物のほうは、そこに食べなければならないものを見つけて、自分の役割を果たそうとするだけである。言い換えれば、エサを与えられた動物は、不自然な仕方で、あるいは不自然な場所で、仕事を与えられてしまって、本来なすべき場所で仕事ができないようにさせられている、と言うべきである。たとえば、その動物は自然本来のあり方では、もっと森のなかで食物を見つけて食べて栄養素の循環を助けなければならないはずなのに、都会の片隅で食べ物を人為的に与えられてしまって、本来行かなければならないところに行けない状態にさせられている、ということなのである。それゆえ都会人によるエサやりは、動物から生態系のなかで与えられている本来の仕事を奪い、生きる意味を奪っているのである。それゆえまた、都会人はカラスがゴミ箱をあさって困ると言うが、カラスにしてみれば、人間が「きちんと食べて栄養分を循環させなければならないもの」を平気で並べているから、やってきて食べるほかないのである。カラスにしてみればそれが動物の義務だからしているのであって、人間がまだ食べられるものを捨てて動物としての義務を果たさないからその尻拭いをさせられているだけなのである。

このように、動物は植物の一部を食べることを通じて管理しており、その役割は、食べることで栄養分の生態系内循環を効率的に、あるいは調和的に行うことなのである。

七　人類の誕生

周知のように、人類の出現は恐竜絶滅後はるかのちのことである。しかし以上の理屈が正しいなら、人類の誕生も植物が自分たちの管理のうえで人類の手腕を必要としたからであると考えなければならない。ところで、人類はサル類から誕生した。なぜこの新種が他の類からではなくサル類から誕生したのか。昆虫類や鳥類ではなぜいけなかったのか。これまで明らかにしてきた理屈からすれば、それは植物の側に、新たな動物を管理作業者として必要とする何か新たな事態が起きたからでなければならない。そしてそのための能力が生まれる可能性が、他のどの類よりもサル類のなかにあったから、新たな種である人類はサル類から生まれた、と考えなければならない。言うまでもなくその能力とは、脳のはたらきと、ものをつかみ、運ぶことができる手のはたらきであった。

このことは現代人の能力から十分に察することができる。人間はある程度の重さのものをつかんで運ぶことができるし、個人の力では手に負えない場合でも、道具を使って、多数の人間の協力を得て、持ち運ぶことができるからである。まさに人間の特長は脳のはたらきと二足歩行による自由な手にある。では、頭脳と両手の力は、植物の側で何のために必要とされたのか。サル類や、昆虫類、また鳥類では足らない何かがあったからでなければならない。そして人類はその面で植物にとって必要とされる存在であったからこそ、たとえはじめは偶然のたまものとして一個の人類であったに過ぎなかったとしても、植物がその増殖をゆるしてきたと見ることができる。そうでなければ人類も恐竜と同様、とっくに滅びていただろう。植物が人類を必要としたこととは、一体何だったのか。これが人類進化の理由でなければならない。ところで、種の多様性は、種の間の「食」の関係で結ばれている。したがって人類がなぜ進化できたのか、と考えるとき、人類は何を食べる種なのかを考えてみる必要がある。

人類は明らかに雑食性である。このことから見て、人類の誕生は、第一に、特定の植物の剪定のためではなかったことは確かである。

推測であるが、地滑りとか、嵐による災害とか、地震による災害とか、突発的な災害によって植物の生育が大きく阻害されたときに、それを手当する役割を人類が果たし得たのではないか。

つまり人類に期待された役割とは、植物たちのための「比較的大規模な環境修復作業」であったのではないか。植物がその役割を高く評価したからこそ、人類は食料を失って中途で絶滅することなく、本格的に進化の過程に入ることができたのではないか、と考えられるのである。じっさい人類の雑食性は山や海の生態系が生み出す多くの余剰物に関わっている。それは、人類の役割がきわめて大きな規模での自然相手であることを示唆している。なぜなら、雑食性だということは、それだけ多様な生物に関心を寄せることを意味しているからである。そしてそのことによって植物は、人間を大きな規模での「生態系の管理」に導いていると考えることができる。

じっさい、この種の災害はある程度の規模で生じるので、他の動物には回復作業が充分にできないものである。なぜなら一本一本の樹木の剪定なら他の動物たちで十分であるが、災害によって損なわれた生育環境をその地域において最良の状態にもっていくためには、水の流れや、風の流れ、日照、さらにそこに生きるあらゆる植物、昆虫、その他の動物たちのはたらきを、すべて計算に入れながら作業を行う必要がある。なぜなら「生態系」を単位として作業を行わなければならないからである。このような精神的な作業はサルやチンパンジーの能力では困難である。かなりの頭脳を必要とする。人間の脳が特別に大きくなった理由はそういうところにあると考えることができる。動物は多くの種類の植物、動物に依存して複雑な相互関係のなかに生きている。

それゆえ、頭のいいサルでも、大きな生態系の修復となると、どうしてよいか分からない問題なのである。これを成し遂げるためには高度な頭脳が必要である。その頭脳の大きさは、生態系がもつ多種多様な生物の霊的な部分を取り入れてその生態系がもつ「食」の関係を、あるいは、それにまつわる関係を受容するために、必要なだけの大きさでなければならない。推測するに、今日、未開社会の各地に見られるシャーマンがもつ能力は、かつての人類が持つそのような能力の名残であろう。

じっさい、シャーマンは多くの動物、あるいは森の霊を自分の中に取り込むことができる。「動物や植物の霊を取り込んで理解すること」は文明人には原始的に見える。しかし、複雑な生態系がもっている生物どうしの関係の理解は、文明人の科学によってよりも、霊的になされるほうが、人間がもって生まれた脳にとってはおそらく確かで効率的なのである。つまりシャーマンの行為は表向き文明人には気味の悪いものに見えるが、じつはきわめて効率的に「生態系全体の膨大な計算を行っている」と考えられるのである。

さらに、環境の修復のためには手の力を必要とする。つまり、高い樹木の上のことについてはサルなどの動物に任せ、地面で、植物たちが十分な生長を果たすことができる環境を造成していくために、人間は頭を使い、地面に立ち上がって両手を使う必要があったのである。したがって人類はなぜ立ち上がって手を自由にしたのか、なぜ高度な頭脳を発達させたのか、そのすべては、植物が求めたからだと言うことができる。それゆえ、人類は人類のために生まれてきたのではなく、また神のために生まれてきたのでもなく、本当は植物のためなのである。なぜなら周知のように、植物こそが地上の生態系を支える土台であり、その土台が最高の状態になれば、それだけ多くの生き物が生きていけることとなり、そこから人類は自分たちの食料を永続的に得ることができるからである。

このことは、生物の研究が進んだ現代科学において、自明過ぎるほど自明な事実であろう。つまり植物のために生きることは人間自身のためになる。それはちょうど他の動物たちが「食べる」ということを通じて、その行為が植物を剪定し、植物のためになるように、人類は種の特長となっている頭脳によって「多くの生き物の思いを共有する」ということを通じて、それぞれの「地域の生態系を最高度の状態に」もたらし、結果的に人類もまた「食べものを得る」、という共生関係ができるからである。しかもこのことは、人類が「大きな脳をもち、手を自由にした」ことを説明するのである。

しかし人類のはるかな祖先は、サルの仲間のように全身を毛で覆っていたに違いない。それがその後、毛皮を失って皮膚がはだかになったのはなぜか。その理由は「植物管理」によっては説明できない。アウストラロピテクスと呼ばれる直立歩行した猿人が誕生したのは、現在の研究段階では、だいたい四〇〇万年から、五〇〇万年前と見られている。これ以前の人類の祖先の化石となると、なぜか九〇〇万年前にさかのぼってしまい、途中の五〇〇万年の間の化石が見つからない。とにかくこの五〇〇万年の間はわからないままで、アウストラロピテクスという直立歩行の猿人化石が見つかっているのである。アウストラロピテクスがはだかであった証拠はないが、直立歩行以外の点では、脳の大きさ等から推測すると、ほとんどチンパンジーと変わらなかったと見られ、言語使用もほとんど無かったと考えられている。

しかし、アウストラロピテクス以後は、人類への過程がたどれるようになってきている。つまりそれ以後の過程についてはつぎつぎと化石が発見され、猿人が現世人類に至るまで飛躍的に脳の容量が増加していったことが明らかである。したがって、なぞの五〇〇万年、すなわち、アウストラロピテクス以前の五〇〇万年の間に、チンパンジーやゴリラと、人類を大きく分けることになる、ある変化が生じたと見るべきだろう。そしてそれが、直立歩行とともに、皮膚をはだかにする過程であったと考えられる。

この「裸化（らか）」を説明するに際して、たんに不要になったから、というのでは説明にならない。というのも、皮膚は守られる必要があるし、人類が猿人の時代から全身を衣服で包んだとは考えられないからである。また人間の皮膚の下には厚い脂肪層がある。これは他の類人猿には見られない特長である。これらを考え合わせると、猿人は「両生類的な水中生活」をかなり長期間にわたってもった、というのが、有力な説と考えられる。いわゆるアクア説（ある海洋生物学者が提唱し、科学ジャーナリストのエレイン・モーガンがとくに主唱している）である。つまり人間がはだかになったのは、少々驚くべきことだが、水中生活に適応して、ということが言われているのである。水中生活と言っても、魚のように泳いでいた、ということではなく、腰まで水につかるような生活をしていた、という意味である。寝るときは樹上だったかもしれないが、少なくとも食料を得る場所は、おもに水の中だった、という意味である。じっさい最古の猿人化石が見つかっている場所はアフリカの大きな地溝帯である。そこは、かつて地球全体で海面が上昇していたために、海辺であったことが推測されるところである。しかもそうであれば、化石が見つからないこともうなずける。なぜなら水のなかでは、水に流され、死体はすぐに腐乱するか、魚などに食べられて化石となる可能性が低くなるからである。したがってこのアクア説は、人類はサバンナに出ることで直立二足歩行を行うようになったというサバンナ説と比べて、とっぴに思われるが、少しも根拠薄弱な説ではない。

じっさい皮膚がはだかになり、その下に厚い脂肪層をもつことは、同じほ乳類の仲間では、セイウチやクジラなどの海獣類に見られる特長である。これらの特長は、一般的に動物の仲間を見る限り、水中生活への適応としか考えにくい。すなわち、皮膚の下に脂肪層をもつことは、水中生活で体温を維持するうえできわめて有効であることが知られている。つまり人間の体が脂肪におおわれているのは、豚に似ていると言うよりも、イルカやオットセイなどの海獣類の特長を共有していると言うことができる。じっさい人間はチンパンジーなどと比べて、泳ぐことに堪能である。チンパンジーは皮膚の下に脂肪層をもたない。そのためか、水に入ることをひどく嫌う。つまり人間とチンパンジーを同じように水泳訓練してみても、チンパンジーには訓練の成果はあらわれないが、人間にははっきりとあらわれる。また潜水能力と言う点では、他の陸上ほ乳類からは考えられない能力を人間はもっている。つまりたいていの動物は、洪水のような緊急の場合を除いて一般的に泳ぐ生活をもつことはない。これに対して海辺に生活する人間は水深一〇メートルを超えて泳ぐことも珍しくない。個人差はあるとしても、ある人は深い海のなかで「ふるさとでいやされる思い」を口にさえする。

さらに生まれたての人間の赤ん坊に生えている全身の産毛の方向が、水のなかに入って泳ぐときに生まれる水の流れに完全に沿っている、ということも明らかになっている。こどもが一般に水遊びが好きであることも、また、生まれたての赤ん坊が教えられなくとも泳ぐことも、人類の祖先が半水中生活をしていたことの有力な傍証とはなるだろう。水中出産が母体に対して自然で負荷が少ない、ということも傍証になるだろう。また、シャチや、イルカが、泳いでいる人間に親愛のしぐさを見せるのも、かれらが裸の人間を見て自分たちの仲間と感じるから、ということなのかもしれない。さらに最近では精神症の子どもの治療にイルカが大きな力を発揮することが知られている。こうしたことは猿人から人類が生じる誕生時に水中生活が人類の生活であったことによって、人間の遺伝的に深い記憶のうちに海をふるさとと感じる何かが残っているからであると考えることができる。そのためにイルカのような海獣は、そういう深い記憶において人間と共感する力をもつのであろう。

当初は下手であったに違いない二足歩行についても、水中に入っていたのなら、身体の部位に困難が起きないことは疑いようもない事実である。体が水圧によって支えられるので、背骨にかかる負担は十分に和らげられるし、下半身に下がる血液の流れも水圧によって負担が少ない。もしも人間が水圧という助けなしに地上で二足歩行をはじめていたら、まず立ち上がることによる重圧のために、腰を痛め、内蔵をこわし、血流に問題を起こして、十分に成長できないままに死ぬ個体が続出し、結局進化は成功しなかっただろう。当時よりはるかに進化が進んだ現代人においてすら、多くの人がこの種の問題に悩んでいる。じっさいそのために、膝を痛めた多くの老人が医者の勧めで水の中に入って歩行運動をしている。この事実は、人間の体が水中で暮らすことに存外適合していることを明らかにしている。そしてこれほどの困難が横たわっていたにもかかわらず二足歩行が進化の過程で取り入れられたのは、植物の側で、それだけ強く、発達した脳と手のはたらきを必要としたからである。

また人間の頭や顔に多くある皮脂腺は、現代の人類にとってはただ若いときにはニキビのもとになるやっかいな存在でしかない。すなわち、何の役にも立っていないのであるが、猿人が腰から胸まで水につかる生活をしていたときには、頭から胸に至る部分が水に濡れても、この皮脂腺から出る脂がすぐに水をはじいて皮膚を乾いた状態にしてくれたと考えられる。つまり十分に役立つ腺であったのである。また人間の脳の容量増大も、豊かな海洋生物の栄養が背景にあれば説明はそれほどむずかしくない。魚の脂質が脳の形成に効果的な栄養分になることは現代の栄養学ですでによく知られている事実だからである。このように、意外なほど人間の身体は、水に入る水辺生活に適合しているのである。

とはいえ、言うまでもなく、この生活は人類の前段階と見られるものであるから、人類の誕生を決定するものであるとは言えない。少なくとも人類の誕生は、水辺での生活を端緒としていたとしても、本来的には、地上の生活からはじまっていて、それも植物のためであったというのが、わたしの主張である。じっさいチンパンジーと比べて脳が明らかに増大していくのは、発掘された化石の資料から見て、半水中生活の間ではなく、地上の生活が始まってからであると言うことができるからである。そしてその理由はすでに述べたように、森の全体を理解するためであった。とはいえゴリラたちと同様な地上の生活から、一時的にも水辺ないし水中の生活をたどったということは、人類の誕生にとって、大きな意味をもつに違いない。じっさい脳を発達させるためには立ち上がる必要があった。重い脳を支えるためには、鉛直線で重力を受け止める必要があるからである。しかし立ち上がることは、身体のほかの部位に大きな負担をかけてしまう。すでに述べたように、そのために水圧の助けを借りる必要があったのである。

猿人は、当初は地上で両手両足を使って歩いていたにしても、水中に入れば、呼吸のためにも立ち上がるほかにない。しかし立ち上がっても、水圧が支えてくれるので、体の負担はそれほどでもない。しかも、立ち上がれば、両手が自由になる。この自由になった手で、貝や海藻類をとって食べることができる。水中のものに対する巧みさは、水中の食料を利用する力を人類に与えたことはたしかであろうし、それは植物が求めた特別な脳の発達のうえで栄養的に重要であったかもしれない。また地上での食料採取に限界が生じたときに、水中の植物その他を食料として生き延びる力をもつことは、人類の誕生が、「生態系の傷が生じた場合にだけ植物に利益をもたらす」という、かなり限定した役割と関連すると、容易に説明できる。

植物は恐竜が生きていた中生代の後半から、しだいに繊細な進化をたどり始めた。そしてそのために、多くの動物を進化させ、恐竜を絶滅させたと見ることができる。しかしそうは言っても、人類を必要とするほど複雑な生態系を用意する植物の進化は、やはりかなりの時間を要することであったと考えられる。植物の戦略としては、そのときが来るまで猿人の一種を一時水中ないし水辺に避難させた、と言うべきなのではないだろうか。なぜなら海は生命のゆりかごであり、地上と比べてはるかにあらたな種を養う余裕をもっているからである。また水中は捕食者に襲われることが比較的少なかった。ワニなどのは虫類やサメなどのどう猛な魚類はさておき、ライオンなど、陸上をうろついていた肉食ほ乳類は、水のなかでは獲物を襲うことが不可能だからである。それゆえ人類となる生命を一時（言うまでもなく、わたしたちから見れば相当の長期であるが）、海の生態系で養わせたことは、一時的避難の意味があるのであろう。このために、人類は皮膚をはだかにしたと考えることができる。

つまり人類と、チンパンジーやゴリラなどの類人猿との分岐点は、ゴリラが体を大きくして捕食者にねらわれないようにしながら、生活の半分以上を木から降りて地上で暮らす道をとり、チンパンジーがそのまま比較的森から出ない道をとったのに対して、人類は水辺の道をとった、ということだったと考えられる。こうしていっときは水辺ないし半水中生活を続けていた人類は、植物が地上で十分な進化を遂げ始めると、ふたたび地上に呼び戻され、なおかつ、水生の生き物についても、引き続き重要な食料源として利用することができるようになったのではないかと思われる。人類の発生が、植物の多様な進化が早く生じたアフリカであったことも傍証になるだろう。さらに水中生活への適用があったために、人類は海を通しても地球全体に広がることができたと言うことができる。

八　植物の知恵

しかし、つぎのような反論があるかもしれない。すなわち「人類の誕生についてこのような説得がありえるとしても、だからと言って、人間の価値がどれだけ植物の役に立つか、ということによって測られるという主張はまったく笑止千万である。人間の価値はなによりも、人のためにどれだけ役立つことができるかである。というのも、これこそが人類の知恵を代表する人たちの共通の見解だからである」。

しかし、冷静に客観的に考えなければならない。わたしたちが生命を維持しているのは食べ物と水による。すでに述べたように、食べ物は、究極のところ植物が太陽エネルギーから作り出したものを原資としている。したがって人間に食料を提供しているのは人間ではなく、疑いようもなく植物である。他方、水はたしかに無機物であるが、生命を支える水は、生物を多量に宿す力をもつために、「流れる」必要がある。というのも、流れないと、多量に宿している生物が大量死して腐ってしまうからである。ところで、水を流す力は、一つには太陽エネルギーであり、また地球上の高低差（位置エネルギー）であるが、植物のはたらきも欠かせない。

というのも、植物などの葉緑素は光合成を通じて大気のなかの二酸化炭素を減少させて、温度を低くしている。これによって、大気中にとどまる水分を適度に地上に落としていると考えられる。また、地上に降った水を、植物はその根を通じて地中に誘導し、水がすぐに蒸発してしまうことを押さえている。地中に誘い込まれた水は、地下水脈をつくり適度な場所に噴出させることで、地上の動物に質の良い水を提供している。さらに樹木は、根から水を吸って葉で蒸散させて、大気中に適度に雨を降らせる条件をつくりだしている。こうして植物は、さまざまな水の流れをバランスよくつくりだし、わたしたちに必要な水を提供しているのである。

このように見れば、この生命世界のなかで実質的に人間を養っているのは、明らかに人間ではなく、植物なのである。植物が水の流れをつくり、太陽エネルギーを生物が利用できるものに変えることによって、さまざまな種が繁殖し、人間は植物の実りをはじめとして余剰物となる魚や獣を食べることができる。海に生きる魚も、地上の植物を栄養源としていることが多いことは、すでによく知られた事実である。

さらに、つぎの事実も示唆的である。話を戻すことになるが、最近あきらかになり始めた生命誕生のドラマのうちにも、植物が地球上の生命の主人であることが示されているのである。なぜなら、それはつぎのような経過をもっていたからである。

すでに述べたように、酸素を発生させる光合成は、三五億年ほど前、シアノバクテリア（らん藻）によって果たされた。このバクテリア（核をもたない藻類）自身は、言うまでもなく、物質にきわめて近い生物であって、動物でも植物でもないきわめて小さな生物である。しかし長い間にその葉緑素のはたらきによって海の中に酸素が増えてきた。酸素は強い燃焼力もつ元素である。そのため原始の生物にとってはきわめて危険な元素だった。要するに原始生物にとっては、酸素は触れた途端に自分が燃やされてしまう恐るべきガスなのである。したがって原始的生物は一様に酸素を嫌う嫌気性のバクテリアである。このバクテリアを一般に「古細菌」と呼ぶ。かれらはまわりに酸素が増えてきたので、酸素のないところに潜り込むようになった。

ところで、この古細菌の特長の一つは、柔らかい細胞膜をもっていることであった。酸素は化学反応が激しい元素なので、柔らかい膜をたやすく傷つけてしまう。それゆえ古いタイプのバクテリア（古細菌）は、酸素をきわめて危険な毒と認識するのである。しかし同時に柔らかい細胞膜は、他の細胞と融合しやすい性質であった。

これに対して、酸素が増えてくると、それを利用する生物種が進化した。こういう生物種は酸素を利用するために堅い殻をもった。酸素から身を守るためである。つまり酸素が増えたところには堅い殻をもつ新種の生物が生まれ、活動し始め、これに対して酸素がやってこない片隅（太陽光が届きにくい深いところ）には、古いタイプの生物種が生き残って活動するようになったのである。ところで、酸素を有効に使って糖分を燃やしてエネルギーを得る生物種とは、好気性のバクテリアと呼ばれるものであった。このバクテリアは、光合成によって生じた「糖分と酸素」をもっぱら自分たちのために使ってしまう。いわば生産はしないで、生産されたものを消費するのみである。そのため、活発に活動した。一般にミトコンドリア型バクテリアと呼ばれている。このバクテリアは、酸素を使うために、酸素がある環境でしか生きていけないが、他方、酸素は生命体を傷つけてしまう危険物質であることは変わらない。そのため、このミトコンドリア型バクテリアは、酸素から身を守るために堅い殻をもったのである。すなわち、柔らかい殻をもったままの古細菌に対して、堅い殻で武装した細菌（バクテリア）が、葉緑素による光合成のはたらきから生じたのである。

あるときこのバクテリアが、柔らかい細胞膜をもつ嫌気性の古細菌のなかに侵入し、そのままそこに住み着く、という事件が起こった。するとこの嫌気性の古細菌は、驚くべきことながら、酸素との相性を改革して、酸素を取り入れながらミトコンドリア型バクテリアを自分のなかで飼い慣らし、生物の基礎となる真核細胞をつくったのである。言うまでもなく、この改造は大改造である。すなわち、それはつぎのような構造をもつ複雑な細胞をつくったのである。

まずミトコンドリア型バクテリアを受け入れた古細菌は、中心に核膜に覆われた核をつくり、そのなかにＤＮＡ（設計図）を置いた。核膜によってＤＮＡ設計図の場所を遮断した理由は、核の中の設計図を、ミトコンドリアが棲息する場所から切り離すためであった。ミトコンドリアが用いる酸素はＤＮＡを破壊する危険な元素であったからである。この核は、いわば細胞のなかの司令室のようなものである。そしてさらに細胞の一番外側を細胞膜で包んで外界から遮断して、その膜と核の間に細胞質と呼ばれる場所をつくった。そこがいわば細胞の「工場」となり、ミトコンドリアを「作業員」につかって、必要なタンパク質を製造する場所とした。つまり古細菌は、核によって二層の世界をもった細胞をつくった。核の内側には設計図があり、その外側には設計図を読みとって必要な成分を作り出す作業員がいる、ということである。そしてこの作業員は、活発にはたらくために酸素を利用する。このようにして真核細胞と言われる細胞の基礎構造ができあがったと見られる。つまり古いタイプのバクテリアから見れば無目的に酸素と糖分を浪費するミトコンドリア型という暴れ者を、自分のなかに取り込んで、自分が用意した工場ではたらかせることによって、秩序立った生産を行う有能な作業員に仕立てたのである。古細菌にしても、それまでは身の回りにある元素をなんとかかき集めて、時間をかけて自己増殖をしていたところが、有能な作業員を手に入れ、短時間に自己増殖することができるようになった。そしてこの真核細胞が、わたしたち動物がもつ細胞の基礎構造である。

ところが、大改造はこれで終わったわけではなかった。この真核細胞に、その後、シアノバクテリア（葉緑素）が侵入して住み着く、ということが起きたのである。葉緑素は言うまでもなく光合成によって糖分と酸素をつくる。真核細胞はミトコンドリア型バクテリアの単純形態と比べればはるかに秩序立って糖分と酸素を使用するとしても、消費するばかりであることは変わらない。そこに葉緑素という光合成を行う能力がやってきたのであるから、消費するばかりだったところに、生産能力が来た、ということである。つまり生産と消費の両方を行う「完全細胞」が誕生したのである。これがさらに外界との遮断を堅くして細胞壁をもつと、植物細胞となる（ただし実際の植物細胞は液胞と呼ばれるものが細胞の大きな場所を占めている。この液胞だけのために植物細胞の姿は動物細胞とまるで違って見える。しかし液胞は、ちょっとした環境変化に際して水分と栄養分を補給できるようにするための貯蔵施設に過ぎない。植物は環境の変化があっても動物のように場所を移動することができないので、このような組織を抱えているのである。この液胞を除けば、植物細胞と動物細胞の違いは、ほぼ細胞壁と葉緑素に限られる)。したがって植物細胞は、真核細胞として動物がもっている性質をもちながら、さらにその上に、光合成を行う葉緑素を併せ持っている細胞であると、一般的に見ることができる。

したがって、植物は動物より進化の段階が上なのである。すなわち植物は、光合成を行う自己養成生物でありながら、自分のなかに動物細胞をもつ。このことを考えてみると、植物は、葉緑素による生産的性質とともに、それを消費して活動する動物の性質ももつのであるから、動物を理解する素質をもっていると言うことができる。言い換えれば、植物は、動物を含めて、およそ地球上の生命種を包括的にもっている完全生命体だと言うことができる。

したがって植物は、自分に都合の良い動物を進化させ、都合の悪い動物を絶滅させる知恵をもっていると見ても、決しておかしなことではない。人間は知識を通じて理解すること以外に知恵の持ち方を知らない。それゆえ人間には植物の知恵のありようは理解できない。そのためことに動物食に頼りがちな西洋では、植物は動物に食べられるだけの下等な生物だという認識しかもたれていない。哲学の歴史においても、植物のうえに動物があり、さらに高等な動物である人間は、動物の一種と言っても理性を備えて動物以上であることを誇っている。この図式はアリストテレス以来まったく変わらない。また人間がもつ生命原理は、栄養摂取の側面において植物的であり、動くという側面で動物的であり、その上に知的であることの三者を併せ持っているために、宇宙のすべてを理解することができる小宇宙（ミクロコスモス）であると考えられている。これはアリストテレスの図式にストアの哲学が加わった図式であり、この理解も二〇〇〇年にわたって変わることがない。

ところが、現代の科学を通じて明らかになったことは、まったくそういうことではなく、植物のほうが、動物の生命原理を含んでいる包括的生命（つまり生命の完成態）なのだ、ということである。このことからすれば、人間が他を圧倒してすべてを知ることができるのではなく、植物こそがすべての動物を知り尽くして、地上の種の誕生と存続を司っていると見ることができる。それゆえ、はじめは必要とした恐竜も、必要が無くなれば絶滅の道をつくりだし、他方で、人間が必要となれば、それを誕生させてきたのである。こうして人類は何百万年もの間、他の動物たちとともに、植物の生息に都合の良い環境を整えることに手腕を発揮して植物のために役立ってきた。それは植物を土台にした生態系が複雑な共生関係を保つうえで人類の仕事を必要としてきた、ということでもある。

このような見方を取ることは、言うまでもなく、現代科学を通じて人間観に明白な革命を引き起こすことである。人間を最高の地位に置いて考えるのではなく、むしろ植物のはたらきの重要性を高位に置くということは、これまで考えられなかったことだからである。

九　人間の知恵

これまで人間は小宇宙であると言われてきた。ところが、科学が明らかにしているのは、人類は原理的に植物のような包括的生命ではない、ということである。むしろ植物こそ包括的生命であり、その意味で植物は生命体の小宇宙である。しかし、他方で、人間は一地域の環境を修復するために必要な能力を持ち合わせていたことも推察される事実である。言うまでもなく、この能力は植物が人類に与えたものである。すなわち、あらゆる生物のはたらきを計算して地域の自然植生の回復作業をすることができる能力を人間は植物から与えられた。そしてその能力はあらゆる生命の本質に迫る可能性でもあった。つまり、あらゆる生物種の霊魂を受け取る能力を人間の脳はもつのである。なぜなら、その能力によってはじめて人間は自然の生態系を全体としてもっとも良い状態に導くことができるからである。それゆえ人類も植物と同様に、植物とは違った意味ではあるが、たしかに包括的生命となる力をもつ。ただし脳のはたらきによってである。言い換えれば「小宇宙」（ミクロコスモス）となる能力を、わたしの見るところ、人類は植物から「脳のかたち」で与えられているのである。

言うまでもなく、わたしの理論によれば、植物が人類に与えた特殊な能力とは、その地域の環境条件のうちで最高の植生が実現できるように、あらゆることを考えて、植生その他を整えていくことができる能力である。しかし、その能力は文明がはじまってから人間社会に生まれた科学的調査能力のようなものではない。その能力は数式化されることがない生命的なものである。なぜなら、文明社会の科学は物質的理解をほこる技術であり、物質的理解によって生命を支配しようとするものだからである。じっさい数式化はある種の神秘性をはらむが、生命の物質化と相まって、生命の生命的理解を忘却させてきた。事実、生命理解の物質化と数式化によって、文明社会は他の生物への支配を可能にしてきたのである。これに対して植物が人類に与えた能力は、同じく管理する能力であっても、その管理の仕方はむしろ生命的なものであり、その根本は「生命的知恵」である。そしてすでに述べたように、生命的知恵はむしろ相互にいのちを育み合う「共生の知恵」であって、他種を絶滅させる知恵でもないし、支配の知恵でもない。

つまりその知恵とは、非文明社会に見られるシャーマンがその能力をかいま見させてくれる種類の知恵である。すなわちシャーマンは他の生命的な原理（霊魂）を自分のなかに受け取ることができる能力をもっている。じっさいシャーマンは植物や動物を協調させている精霊や他の種の霊魂と交流する。あるいは、森の精霊と交流するのである。しかしわたしの推測が正しければ、シャーマンとなる能力は特別の人間だけがもつ神秘的能力ではない。むしろ人間が本来持っているふつうの能力である。それは原始的な能力と見られているが、事実はそうではなく、ごくふつうの人間的な（人間らしい）能力なのである。文明社会の人間は文明によってそれを忘れ去ってきただけのことである。

じっさいアマゾンの熱帯林における実地調査を記したマーク・プロトキンは、その著書『シャーマンの弟子になった民族植物学者の話』（日本語訳、屋代通子）のなかで、力のあるシャーマンはつぎのように言っているという。すなわち、「男でも女でも、だれでも、シャーマンになったり精霊と話をする能力をもっている。ただふつう人は目に見えない目隠しをしている。そのために精霊の世界が見えなくなっているだけなのであって、シャーマンになることは、その目隠しを取る方法を知ることだ」と言っているというのである。要するに、文明人はシャーマンになる能力を持っていないように思われているが、それは見えない目隠しを自分でしているからであって、それを取ることができさえすれば、だれでも精霊と話をすることができる、と言うのである。

じっさい生命の知恵の発想からすれば、あらゆる生物種を理解することは、現代のように科学的にデータを取ることではなく、それらの霊を単純に自分のこころに取り込むことである、ということは十分に考えられることである。人間を進化させたのは自然であって人間が発明した科学技術によるわけではない。それゆえ人間の脳の力を発揮させる力が科学的なものである可能性はむしろ低いはずである。すなわち科学的調査によって生物種を理解する道は、自然が人間に与えた能力を開発するよりも、むしろ萎えさせるだけかもしれない。わたしたちはおそらく、自然から与えられた能力によって、本来サルになったり、シカになったり、熊になったり、鳥になったりできるのである。言うまでもなく、脳のはたらきにおいてである。しかしまた、それゆえにこそ中国やインドの体操においても、さまざまな動物の姿勢を取ることが人間にとって良い体操になる、という理論も成り立つのである。そしてこの意味でわたしたちも、脳のはたらきにおいて包括的に生命であろうとすることによって、むしろ人間らしくありえる動物だ、と考えられるのである。

　以上のことから、自由な生命をもつことにおいては他の生物種と共通でありながら、人間という種は、その脳のはたらき、言い換えれば、精神的はたらきにおいて、多くの他の種の生物になることができるし、それに応じてさまざまな視点から生物社会の基盤となる森林や草原等を理解し、もっとも良い状態へと環境条件を導く知恵をもつことができる種である、と言うことができる。この能力をもつ人間が、文明社会のなかでは、その能力をいたずらに自己のために用いて、そのために持って生まれた能力を低下させていると見ることができる。なぜなら、多様な視点をもって自然の森を理解する力をもつ人間が、自分の視点からのみ森を理解するのなら、理解力は単純さのなかで低下するに違いないからである。

　たとえばこのような能力をもつ人間は、非文明の状態では、獣を狩るときにも相手を見下げていたわけではなく、同じ生き物として「食べることとの関係」を保つことができたと考えられる。なぜなら人間は相手の霊魂を受け取ってその生命を自己の意識のうちに受け入れることができるからである。それが「いのちを交換」する自然界の本当の姿である。そこには互いの平等な関係しかありえなかったはずである。したがって、かつての人類の生活においては、シカを殺すことは自分のこころに取り込んだシカの死を味わうことでもあったに違いない。それゆえ、殺すときに、すでに弔うことも済んでいたであろう。なぜなら自分のこころにシカを取り込むことができているなら、そのシカを殺すことは、そのシカの死を自分のなかで味わうことだからである。自分のなかで死を味わうことは、自分のなかで死の弔いを行うことと同じである。

その関係がくずれたとき、すなわち、シカのこころを持つことができなくなったとき、はじめてわたしたちは儀式を通じて殺した獣の霊を森に返す必要に迫られたのである。なぜなら生きていくうえで定住のための村落を人間がもつようになると、人間は移動生活をするシカの思いを懐きつつ生きることができないからである。シカの霊魂を受け入れるためには、人間もシカと同様に、移動を繰り返す非定住生活をする必要がある。それができなくなったと意識した人間たちは、殺したシカの霊を本来のふるさとである森に返すことによってしかその霊魂を弔うことができなくなったと考えられるのである。アイヌが伝統にしている儀式も、そのようなものであると判断することができる。また社会のなかで特定の人間だけが儀式を通じてトランス状態になり、動物の霊をしずめる、というシャーマンの役割をになうようになったのも、定住時代を迎えてのことであったに違いない。

ところでその時代とは、ほんの一万年前のことである。きびしい氷河期の直後であったと思われる。そのとき人類は、それまでの暮らし方とはまったく違う暮らし方を始めた。人類は植物のために行うべきことを人類自身のために行い始めたのである。つまり人間自身のためになる植物を栽培し、ためにならない動物、昆虫を排除し、自然界で役立つものは可能なかぎり「人間のために」役立たせることを思いついたのである。それが文明のはじまりだった。文明人は、以来、人間のためになることを至上の価値として進んできた。すなわち、人間らしい生き方とは、人間どうしの間でコミュニケーションを取り、人間のために生きることを願う生き方である、と信じるようになったのである。そしてこの道を徹底的に突き進んで来たのが西欧文明であり、他方、世界各地の比較的非文明的な世界では、多かれ少なかれ、その道に疑問を懐き、ブレーキをかけてきたのである。

人間が平和に助け合いながら生きることが理想的な人間の生き方である、という意見について、疑問を感じる文明人はほとんどいない。したがって人類の由来を研究する人類学でも、類人猿（ゴリラやチンパンジー）を研究する際には、かれらがどれほどお互いにコミュニケーションを取っているか、どのようにお互いのために生きているかを研究して怪しむことがない。しかしこれは文明人が抱いてしまう偏見なのであって、類人猿たちも、けっして自分たちのために生きているのではない。じっさいサル類にしてもゴリラにしても、最近はその生活パターンの生態的研究が行われるようになって、研究者の間で、かれらの生活の副産物として、かれらの生活が森づくりに役立っていることが認められるようになってきた。しかしわたしの見るところ、真実には、森づくりはかれらの生活の副産物ではなく、むしろ、それがかれらの主要な働きなのである。つまりかれらも、そのために生まれてきたのである。

すなわち、本来人類も、類人猿も、おそらく植物のためにはたらくことが、その生存の理由なのである。なぜなら植物が最良の状態に保たれれば、それが生み出す生命資源が最大となり、自分たちが生きる可能性を最大のものにするからである。したがって人間の能力の優劣は、本来、どれだけ植物のために最良の生息環境を実現することに貢献できるか、ということで測られなければならない。つまり個々人の本当の能力差は、数学的能力によって測られるのでも、パズルを解く能力によって測られるのでも、科学的知識の分量によって測られるのでもなく、植物の生態を、そこに生きるあらゆる昆虫、鳥や獣を含めて、実際にどれだけ最良の状態に効率的に近づけていくことができるか、また、どうすればそれができるか、それがどれほど分かるか、ということによってこそ、測られなければならないのである。

言うまでもなく、文明生活では、植物の利益になることを考えることは無意味である。文明社会のなかでは、植物について良く知っている人間とは、人間のために植物を選択的に育成する方策を知っている人を指すだけである。絶対に、植物自身のためにだけ行動する人間を指すことはない。しかし特定の植物を選んで人間のために良かれと考え、育成する能力は、数百万年前に自然が生みだした人間の能力の意義ではない。つまり文明生活を尺度にして人間の能力の優劣を測ることは間違いであるし、同じ発想で類人猿の能力を測ることも、本当は間違いなのである。なぜなら文明生活は、まったく人類を生みだした植物を裏切る生活であっただけだからである。植物は多くの動物に自分たちの管理を求めてきた。そして人間には、最終的な管理を求めてきたのである。数百万年の間は、人類はその務めをおそらく忠実に果たしていたと思われる。

十　人間が自己意識をもつ理由

ひところ人間の「自己家畜化」が大いに論じられた。文明生活において人間は、自己を飼い慣らしている状態にある、ということである。これはまったくその通りであろう。人間は不快なものを遠ざけ、食料を量産して必要な場所に届けてもらう生活を当然と見なしている。野生の動物なら自分で食料を確保しなければならない。危険を回避して食料を手に入れることが一般に野生状態の動物の主要な行動である。家畜化された動物は、食料を与えられ、家を与えられることによって、食べ物と安全を、与えられて過ごす。そのため、家畜化された動物は野生本来の状態と比べて平均して二割近く脳が萎縮していることが明らかになっている。人間も、食べ物と安全を社会の力で手に入れている。文明社会は自然の脅威から人間を遠ざけ、食物の獲得についても、土地の占有等によって容易なことがらにしている。文明社会では安全や食料の配分は金銭によっているので、人間を悩ましているのは金銭の獲得のみである。それゆえ、人間もまた家畜状態であると言うことができる。したがって、人間もその脳のはたらきが、文明以前と比べて二割方萎縮していると考えるのが妥当だろう。

文明社会の人間は、とかく自分たちの能力は文明以前の人間と比べてとほうもなく進歩していると考えがちである。文明を誇る欧米のテレビ番組のなかには、文明以前の人間を何も考えない野獣のような描き方をしていることがある。しかしこのような考えは、明らかに客観的ではない。むしろ文明人の脳のはたらきは、文明以前の状態と比べて格段に劣っている、と見るのが妥当な見方である。じっさいこれまで述べてきたわたしの説が正しいのなら、かつて人間は生態系を構成する数え切れない生き物を霊的に理解していたに違いないのである。つまりあたりを歩きながら、目に留まるあらゆる生き物、耳に聞こえるあらゆる動物の声、嗅覚に感じる風のにおいなど、あらゆる情報を通して、さまざまな生き物の状態を知り、それらに共感して生きていたに違いない。このような脳のはたらきにおいては、脳は機敏に情報を受け止めて判断し、止まることがなかっただろう。

このような状態にあるとき、人間はどのような意識をもっただろうか。繰り返すが、人類の脳に与えられた最高の植生を実現していくための知恵は、さまざまな生き物を、植物を含めて理解する知恵であった。しかもそれは文明社会がもつ科学的理解ではなく、むしろ神秘的な知恵であり、それぞれの生物種の霊魂を自分のなかに受け取ることによってなされる知恵であった。この知恵は、他の生物種を「自己」として受け止める知恵でなければならない。なぜなら、それは共感する知恵だからである。すなわち、人間は植物になり、昆虫になり、イノシシやシカになった。そしてまさにこのことが原因となって人間は「自己意識を持つ」ことができるようになった、と言うことができる。

おそらく、地上の生き物のなかで「意識」をもつのは人間だけであろう。しかし、なぜ人間だけが意識をもつのであろうか。人間は頭がいいからだ、という、答えにならない答えがこれまでの常識である。しかし、これまで述べてきたことを前提にするなら、その答えも自ずから明らかなのである。すなわち、その理由は、人間が複数の他の生物種の霊魂を受け取ることができたことから意識が生じた、ということである。なぜなら、人間が他の霊魂を受け止めると、そのときの自己は、もはや人間の自己ではない。しかし、人間は現実にいつまでも他種の自己で居続けることはできない。かれはいずれ人間に戻るのであり、しかも、他種の自己であることから生まれた理解をたずさえている（記憶している）必要がある。すると、心の中に、少なくとも複数の自己が記憶されることとなる。すなわち、さまざまな動物や植物の霊に共感して生まれた自己と、人間である本来の自己である。こうなると、人間としての自己、すなわち、自己の自己を保つことが、自己を他者とするなかでも特別の様式で確保されなければならない。おそらくそのような理由で、人間は他者と区別される「自己意識」をもつことに習熟してきたのである。

このように、人間はさまざまな意識をもつ仕方で、さまざまな生き物となることを覚えた。つまり多くの種を自己として受け止め、理解し、植生が最良の状態となるように、多くのことを案配してきた。そしてそれとともに、人間である自己を意識してきたのである。これが文明以前の人類であった。そしてそのように生きることが「人間らしくあること」であった。

ところが、あるとき、その務めを果たすことを止め、人間はただ「人間のために」植物を管理し、「自分たちのために」あらゆるものを利用して怪しまない生活をはじめたのである。これが文明の始まりである。こうなると、人間は意識のうえで他種の生き物となることをやめてしまう。なぜなら、「自分のため」になることが何かをひたすら考えることは、実質的に自分のことしか考えないことだったからである。人間は自分たちに都合のいいものだけを大事にすることを始めたのである。そのため、それ以外のものについては、理解しようとするよりも、ただ「利用する」ことと「排除する」ことを考えれば足りた。それゆえ、脳を使うことも単純になったと考えられる。

つまり自己家畜化している人間の意識は、ただ「自己の意識」として肥大化し、他者を理解するための他者についての意識は、真剣に受け止めるほどのものとは見なされず、「あやふやで危ういもの」として疑われることになった。あるいは、その他者が人間ではないとなると、「悪魔に魅入られたもの」あるいは「異様なもの」と見なして日常から排除することになった。つまり何か霊的なものにとらわれる人間は、それが教会の教えに従うものでなければ、悪魔のレッテルを貼られたのである。西洋中世後期に「魔女」扱いによって多くの無垢の人々が殺されたが、西洋にも存続していた他者を純粋に理解しようとする意識は、異様なものとして排除されてきたのである。こうして、他のものについての意識は、自己意識につらなるもの（従属するもの）としてのみ、受け取られるようになった。すなわち人間は、心の中でも、まず自分を確保してから他者を自分に従属するものとして受け取る姿勢を常識としてもつようになったのである。こうして「人間らしくあること」の意味が変わった。かつては人間以外に多くの生き物を考えて生きることが人間らしいことであった。それがただ人間のためを考えつづけることが人間らしくあることになったのである。

文明人は自己を中心とする心のあり方を異常とは思っていない。むしろ当然のことであり、そうでないほうが異常と思っている。しかしわたしが見いだした人間の誕生が真実であるなら、人間のもつ自己意識は、本来は、他者を意識するからこその自己意識なのである。自己意識を第一次のものと考えるのは、わたしの見るところ、本末転倒である。実際のところ、自己意識は、オブラートに包まれた（正当性を見せかけた）自己愛である。それは、もともとは、自然が人類の存続を確保するために人類にゆるした自己愛だった。ところが人類は、それを小さなものにとどめることなく、肥大化させてしまった。それと同時に、文明において「人間中心主義」がオブラートに包まれた自己中心主義として肥大化したのである。この自己中心主義は、他者を排除する思想となる。文明は美しい言葉で着飾って人の耳をだますが、事実としては、文明の思想は「独占の思想」であり、「他者排除の思想」なのである。人間主義（ヒューマニズム）も、美しいことばとしてあらゆる人類の活動に行き渡りはじめている。しかし、それは事実としては自己愛であり、自己中心主義の別名である。他方、それと対になるのが他者排除である。仲間を隣人として大切にして、人間であれ、人間以外のものであれ、敵対するものを排除する。それは競争主義と言い換えることもできる。競争を正義と見て、生き延びたものに権利を独占させる思想である。

なかでも今日に至る市場経済の発達は、激しい競争によって地球上のあらゆる地域を巻き込んで「人間のために」あらゆる自然資源の収奪を加速している。その暮らしは、資源を得るうえでだれが独占的地位を得るか、それを決めるための競争の日々である。人間はかつて自然の一員として暮らしていたとき、自分たちを含めて生物は「食」を通して生態系のなかでお互いを支え合っている、と理解できたに違いない。そこには生命に支えられて生命がある、という生命的共感があったと見られる。日々の暮らしが生命のふところで営まれたのである。ところが、現代では、わたしたちは自分たちの暮らしはお金で支えられていると考えるほかない。自分たちの暮らしを支えているのは生態系ではなく、経済競争なのである。この暮らしは生命の暮らしなのか。この現状はどのように理解すべきなのか。

それゆえ、わたしたちは人間の経済活動を分析しておく必要がある。

第Ⅱ章　人間の経済活動

一　生命理解の喪失

人類が誕生したのは、その理由はともかく、自然界のなかであったことはたしかなことである。そして人類が自然界によって誕生したのなら、人類が、その誕生に際しては自然界に歓迎されたこともたしかなことだろう。すでに述べたように、自然界は特殊な知恵によって新たな種を誕生させてきた。そして種の誕生はその種が「食」の関係のなかで他の種と関わり、植物ないし葉緑素の力を基盤としたエネルギーの享受において、互いに共生する複雑な関係をもち、そのことを通じて容易には全滅しないように配慮されたものであった。人類の誕生が生物界に見られるこのような普遍的法を無視して起きたと見ることはできない。したがって、人類もまた、他の種と同様に、その誕生においては自然界から歓迎された種であったに違いないのである。これがわたしの基本的理解である。

ところが現代では、いわば母胎であった自然が、人間の経済活動のために大規模に破壊されている。経済活動がなければ、自然が破壊されることはないだろう。なぜなら、経済活動がなければ、人間は自然が人間に求める活動しか本来しないと思われるからである。ところで自然が人間に求める活動によって自然が破壊されることはありえない。しかし、事実として自然は大規模に破壊されている。わたしが見るところそれは人間の経済活動による。というのも、つぎの理由があるからである。すなわち経済活動とは市場取引きに本質がある。ところで市場での取引きは、のちに明らかにするように、生命の本質を否定し、食となる生命を物扱いする。「食べる」という行為は「いのちの交換」であるのに対して「経済取引」は「ものの交換」だからである。

したがって食べ物が市場で扱われると、本来は命である食べ物が物扱いされる。ところで、人間は生命を物扱いすることによって、生命に関する生命的理解を失う。それは人間を人間扱いしない習慣をもてば、人間理解がおかしくなるのと同じである。市場活動によって生命自然を物扱いするようになった人間は、その習慣によって生命の理解を狂わせたのである。生命的理解なしに食があると、その食は身体を維持することだけのためと見られるようになり、食を通じて人間は生態系の一員であることの自覚が得られなくなる。つまり市場活動で食を得る生活によって、人間は「食」を通じて複雑な生態系の間に生きることに、生きる喜びを見いだすことができなくなったのである。すると人間は精神的にも変調をきたして、自然から物質的エネルギーを取り出してひたすらスピードを誇るほかに、生き甲斐を見いだすことができなくなったと考えられる。

こうして人間はますます市場活動を通じて自然が保持するエネルギーを加速度的に消費する努力をつづける。そしておそらく、ついには利用できるエネルギーを失って絶滅の道をたどるほかない。

絶滅は、人間が生命的エネルギーを自分たちに提供している生命自然を破壊することによって必然的に招くことがらである。しかし生命がその母胎を破壊するのは病的としか思えない。じっさい人間がもっている技術が過去の人間的技術と比べればどれほど高度なものであると誇ろうとも、人間の技術では、現在自然界が人間に提供してくれているもののほとんどのものは、つくることができない。日々吸っている酸素、口にする栄養、飲料水、どれも自然が人間に提供してくれているものばかりである。人間の開発する技術は、ただこれらを「もっと早い速度で消費する」技術であるに過ぎない。

じっさい人間がつくりだしている自然界にないものとは、自然界から取り出したものをあらたに組み合わせているだけであることは、周知のことである。鉄を作っているのではなく、鉄を取り出しているだけであり、それを加工して人間に都合のいいだけの製品を作っているのみである。食料にしても工業生産物にしても、自然界を抜きにして得られるものは何もない。したがって自然界の破壊は、狂気としてしかありえない。それはまるで母親に養われている赤子が、自分の母親を殺すようなものである。それがどのような理由でなのかを知るために、人間の経済活動のありようを見なければならない。

二　所有意識の発生

人間が経済活動を始めた直接の契機はつぎのようなことであったと推測される。すなわち、人間は二足歩行によって両手をあけることができたために、ものを持ち運ぶことが容易になった。そのため食料となるものをさがして歩いているときに、何かの役に立ちそうなものを見つけて持ち運び、自分が使用することはなくとも、他人を喜ばせることができた。このとき人間は、そのことに熱心になることを知ったのだろう。

何かを受け取ったものは、お返しを考えただろう。こうして、贈答という「ものの交換」が生じてくる。未開社会の研究を通じて見えてきたことは、当初、贈答は物質的であるよりも、霊的なものであった、ということである。つまり贈答には、贈答品を通して「こころ」が伝えられていると見なされたのである。そのため、もらったものに見合うものを返さなければ、自分のこころ（霊魂）が他者のこころ（霊魂）に支配されてしまう、という怖れを懐かせるものであった。しかし人間が、霊的なはたらきをもつことが少なくなるにつれて、ものを、ただ「もの」として見る考えがしだいに普及していったと考えられる。

すなわち、当初の人類は生態系を構成する多くの霊と、霊の交流を行うことで生態系を整える仕事をしていた。そのために人類は霊的なはたらきを第一に考えることに慣れていたのである。ところが、「自分たちのために」生態系を利用する考えをもつようになると、霊を交流させることを止めて、ただ他のすべてを「もの」として利用する考えを常識と見なすようになった。すると、人間は霊的なはたらきにはほとんど関心をもたなくなったと考えることができる。

こうして物の交換が純粋に霊を交えない「ものの交換」へと変化していった。しかし、「ものの交換」が「所有権の移転」という意識にまで至るには、また多くの段階があったと思われる。なぜなら、たまたま手に入れたものを「自分のものである」という明確な意識をもつためには、社会の全員が、それを認め合うことが必要だからである。そしてこの意識は、自分の手にしたものをむりやり奪おうとする敵の存在を意識してはじめて生じるものである。

なぜなら、そもそもある人がたまたま何かを手に入れたとしても、それが共同の移動の途中のことであるなら、それは、かならずしも特定の個人の手柄とはならず、共同社会に半分の所有権があると言えるからである。これに対して、共同社会が生きるために依存していて、なおかつ、永続的に関わっているものが生じたとき（特定の土地の所有）、それを奪おうとする敵が生じる。このとき、奪おうとする敵の態度に対応して、共同社会の共通認識として所有の意識が生じる。じつに個人の所有意識が生じるのも、このような共同社会のなかにあって、みなが、同じように、所有の意識をもつときにはじめて起こることである。なぜなら、社会のなかの一個人が所有を主張しても、他者がそれを何ら認めなければ、所有の権利は社会的に認められないからである。そのときには、所有の意識は、たとえたんなる意識であっても、もつこと自体が無意味である。それゆえ、個人の所有意識も社会全体がそれをもつことが成り立ってはじめて可能となる。

したがっていずれにしろ、共同社会の独占的な土地所有（他者の排除）によって文明がはじまる。この文明によって、人間は所有ないし独占を主張することを覚えたのである。自然は本来、いかなるものにも所有を認めず、すべてが公的であった。つまり、他者を永続的に一定の場所から排除することは、自然に反することであった。なぜなら、自然のなかでは生きるうえで敵対することがあっても、そこで見られる敵対行動は永続的な権利としての排除ではなく、いっときの出会いのうえでの競争であり、互いの存在を認め合うことだからである。したがっていっときの間、競争や敵対があったとしても、相手が自分の手の届く範囲から離れれば、自然界では競争も敵対も終わるのであって、所有という権利のように、他者の排除が永続的に主張される、ということはない。それゆえ、永続的に主張される所有（他者の排除）は、まことに非自然的な意識なのである。しかし、これが文明の本質である。そしてこの文明によって、社会のなかで「個人の所有」を正当な権利として認め合うという習慣がはじまる。そして個人の所有によって、ものの交換も「所有権の移転」と見なされ、そこには、一定のルールが考えられるようになるのである。

三　使用価値と交換価値

文明社会のなかに生じた経済活動はこのような前段階があったと考えられる。この前段階において、多かれ少なかれ所有の観念が一般化し、さまざまなものを個人の所有物として相互に認め合うことになった。しかし所有が認められると、やっかいなこともある。なぜなら、「いらないもの」でも、自分のものなら、取っておく必要が生まれるからである。というのも、いつかそれは必要なものと交換できるものとなるかもしれないからである。所有が相互に認められない時代には、必要がなくなれば、手を離れたのであるが、「所有」には、このように、「保管」の仕事がつきまとうのである。

しかし必要なものを他人から受け取り、不要なものを他人に渡すためには、正当な所有権の移転方法がなければならない。こうしたなかで、「所有権の移転」を意味する「売り買い」が生まれたのである。その意味では、「売り買い」とは一つの儀式である。すなわち、売り買いは、所有権の移転を成立させる社会的儀式であると言える。貨幣の介在は、それゆえ、当初はたぶんに儀式的であり、じっさい人類学の研究によれば、かつては貨幣自体にも霊的な意味が付与されていたのである。

しかしながら、文明社会のなかの市場活動というものは、ある種の困難（説明しがたい問題）を抱えている。それは価格決定のメカニズムに関してである。

この問題を理解しやすくするために、水と金を例にとろう。水は、人間が生きていくために必須のものである。それは用いられる価値が高い、という意味で、「使用価値」は高い、と言われる。他方、金のほうは、特別人間が生きていくために必須のものではない。金は生命を直接支えるものではないからである。ところが、金のほうが、水よりも、市場での「交換価値」（市場価値）は高い。その理由は、金はきわめて多くの物と交換される力をもつからである。金は水とも交換できるし、その他の物とも交換される。ところが水は、ほかの物とあまり交換できない。なぜなら、一般的に、水は現実にはあちこちにあるので、交換して手に入れようとするよりも在るところに出かけて手に入れるほうが合理的だからである。つまり一般的に言って、どこにでもあるものではなく、交換によってしか手に入れにくいもののほうが、交換価値（市場価値）は高い。また、水は（生命を宿しやすいために）悪くなるが、金は通常の状態では、ほとんど永遠に変化しない。したがって運搬されても変わらず、時間がたっても変わらないものである。金のこの性格は金が生命を宿すことがほとんど無いことにもよっている。同じ金属でも鉄や銅などは良いにつけ悪いにつけ、生命と反応する化学的性質をもつが、金はもたないのである。つまり金は、生命にまったく無関心な金属なのである。ところがそのために、金は変化しない。そして、そのために、金は水より交換価値が高いのである。なぜなら、時間を経るうちに変化してしまうものは、それだけ交換のための作業（運搬と保管）に耐えられないからである。

すでに述べた事情、すなわち、経済活動は、人間がものを手で運ぶことができたことから始まる。それゆえ、「交換価値」の高さは、ものの「運搬可能性」と密接につながっている。つまり、ものの交換価値は、そのものが運搬される範囲でしか成り立たない。なぜなら、市場まで運ばれなければ、市場での値踏みが始まらないからである。つまり値段がつかない。したがってまた、樹木上で十分に熟れた柿の実は、申し分なくおいしいが、運搬に耐えて市場に出すことはできないのだから、交換価値はゼロである。他方、熟れない状態で採られた柿の実は、それほどおいしくなくとも、市場価値は十分にある。なぜなら市場までの運搬に耐えられるからである。このことは、「貯蔵可能性」という仕方でも同様に論じることができる。なぜなら、運搬できる、ということは、それだけ貯蔵（保管）できる、ということだからである。

現代においては、ほとんどあらゆるものに価格がつけられるのも、科学技術の発達によってほとんどあらゆるものが地球上のあらゆるところへ、運搬（移送）可能となっているからである。また長期間保存可能となっているからである。たとえば冷凍技術や農薬の開発によって多くの食料品が世界中に運搬されるようになった。また通信機器の発達は情報の交換価値を高めている。なぜなら通信機器の発達によって、より早く、より正確に情報が運搬されるようになっているからである。また移送の可能性がものの交換価値を高めていくものであるために、市場の自然な反応として、移送エネルギーの需要が拡大する。こうして、ますます石油等の争奪が激しくなっている。

さて、これらのことから「使用価値」と「交換価値」との間にある矛盾について考えなければならない。言うまでもなく、市場での価格は交換価値である。したがって、市場で交換されることが少ない水は交換価値がないか、あるいは、きわめて低い。樹木上で熟れた柿の実も同様である。水やよく熟れた柿の実は、生命にとっては無くてはならないものである。それは使用価値は高いとしても、市場で取り引きされる価値はほとんどない。しいて言えば、生命的なものは交換価値をもたない。これに対して、金や銀は交換価値ばかりが高い。それは使用価値が低い（ほとんど装飾品にしか使用されない）。しかしそのために、金や銀は交換価値を代表することになった。なぜなら生命にあふれた世界のなかでは、生命に利用される価値の高いものは、すぐに生命に利用されてしまうからである。これに対して生命によって利用されることがない金属は、いつまでも残る。それゆえ、金や銀は交換価値を代表できるのである。すなわち、金や銀で商品の価格が決められたのである。つまり通貨の基準は金価格にあった。

しかし、言うまでもなく、市場の価格（交換価値）はそのものの使用価値をまったく無視するものではない。つまり個人が使用し、消費する際の価値を無視するものではない。それどころか、表向きは、使用価値がすべてであるかのように、うたっている。つまり人間がもつ交換の「意欲」のほうは、交換の「しやすさ」によって決定されるものではなく、交換される「ものの価値」によって決定されると語られてきた。たとえば、一九世紀後半以降、価格に関しては「限界効用」の説が決定的と見なされていて、個々人の主観的価値判断が価格を決定していると言われ続けている。しかし、もしも個人の価値判断によって価格が決定されるとするなら、個人の使用、消費は、まさに個々人によって左右されるので、本来、ひとつの物に一定の価格（だれに対しても同一の価格）はありえない。つまり同じ物でも、価格は同じではないはずである。

たとえば、わたしは、家具についてはスチール製やプラスチック製よりも木製のほうを好む。なぜなら、木製なら、場合によっては、のこぎりで切って、用途を変えることも可能だからである。のこぎりでわざわざ切ることより、それを捨てて、用途に合ったものを買うことを考えるひとは、家具についてそのような使用価値は認めないだろう。しかし、それでは、ものを大事に使うことができる人のほうが、そのものの使用価値を高く考えているのだから、高い値段で買わせてもいいし、大事に扱わない人は商品を実際よりも安手のものと見なしているのだから、安く売ってあげるべきなのだろうか。しかし現実には、こうした個々人の差違は市場では頓着されない。個人の差違に頓着することは、大量生産、大量消費には向かないからである。ただ安手の商品を買おうとする消費者が増えることによって、生産者も市場関係者も、使用価値が低くても交換価値ができるだけ高いものを売る道をさがして血眼になっている。しかし、いずれにしろ、買い手が商品からどれほどの使用価値を引き出すかは、判断できないものである。したがって現代では、見分けがつかない使用価値には頓着しない風潮が広がっているのである。

したがって現実の商品の価格（市場価格）は、個人の需要によるというより、個人の需要を喚起する力（宣伝力）と、生産者側で計算した必要価格（投下された労働量に基づく価格）によると言ったほうが事実であろう。たしかに広告宣伝にも労働が投下されるのであるから宣伝を別扱いすることは価格決定の基準が二重になるという意見もあるかもしれないが、現代における宣伝のはたらきは、きわめて重要な価格決定要因と見られるので、別扱いして真実を見直す必要があると思われる。

いずれにしろ、商品の大量生産を背景にして市場が拡大し、消費者も拡大して、個々人による需要も、商品の一つ一つに対応して個々人がどのような需要をもつか、ということで測ることが不可能となっている。すると、生産者側としては、消費者がある種の「群れのような行動」を取ることを期待するほかなくなったのだ。つまり一人一人が、自分の行動を確認して考えて決定することは不可能となり、ある程度、作られたイメージで動くほかなくなっているのである。このため、価格決定に関して宣伝の役割が大きくなっている。つまり宣伝によって画一化された大量の商品に対して共通のイメージが消費者側に作り出され、需要が喚起されるとき、そのものの交換価値が高められる。言うまでもなく、それは使用価値の上昇ではない。使用価値が上がったかのように、宣伝がなされるが（個人がそれを消費するときの満足感を大きくしていると言う）、実際には、そうではないことは、つぎのような事例を考えてみればはっきりする。

すなわち、宣伝によって価格が上昇したものは、その宣伝が効力を発揮している間は、その商品を個別に買ったひとが他の人に同じような値段で、あるいはより高く売ることが可能である。つまり宣伝が高めているのは交換価値であって（ものを交換する市場を消費者の間にまで作り出している）、使用価値ではないのである。じっさい一般の商品は、買い求められたなら、それをほかに転売しようとしても、より安くしか転売できない。手垢がついていると見なされるからである。これは、見事に化粧した女性が結婚のあかつきには化粧を落として価値を減ずるとき、化粧は結婚市場での交換価値を上げていたのであって、女性自身の価値を上げていたわけではないことと似ている。ただしこれを女性に対する偏見であると非難されないように言うためには、男性側にも似たり寄ったりの化粧があることを認めることにしよう。それは社会的地位である。ある社会的地位から離れると、その男性の価値が下がるとすれば、それは男性自身の個人的価値が下がったのではなく、女性との交際価値が社会的地位によってできあがっていたところが、地位を失ってそれがなくなっただけである。商品のもつ価値というものは、この種のことである。

四　使用価値と質の高さ

以上のように、交換価値は宣伝によって上昇させられる。他方、使用価値のほうは、商品自体に投下される労働の質によって上下する。つまり熟練者のみによって生産可能な商品は使用価値が高い。しかしそのようなものは、数が少ないために、少数のひとにしか届かない。かつてはこのような熟練工による生産の消費は社会の特別の階級にのみ属していた。したがって、その時代には、市場での値踏みは必要でなかった。熟練した生産者は消費者である高い階級の人物に喜ばれて大事にされただけである。これが、現代の市場に出されることになったとき、その値踏みが困難となる。なぜなら熟練工による場合、生産者側で生産に必要とする労働量を計算することができないからである。その理由は、製品の使用価値を作り出しているものが量ではなく、質だからである。それは生産者のきめ細かな心遣いであり、それを商品に実現する熟練の技だからである。そのような商品の市場価値の高さは、労働量によって決定することができない。

なぜなら使用価値が質によって決定されていて、価格として計算できる労働量によって決定されていないからである。それゆえ、そのような製品の価格は、その質が秀逸の使用価値をもつことが宣伝によって公共的なものとされることで交換価値が生じ、さらに希少性によって交換価値が高くなっているのである。使用価値が高いがために、交換価値が高いのではない。現実には使用価値が高いものであるにもかかわらず、それがそのまま価格に反映されることがないのは皮肉なことである。じっさい、いかに希少であっても、またいかに使用価値が高い商品であっても、それが十分宣伝されて交換価値がつけられなければ（需要が喚起されなければ）、市場価格はつかない。

そもそも商品自体がもっている使用価値は実際に使用する間にしか発揮されず、交換の時点では隠れたものである。この隠れた価値については、信用しかあてにならない。いかに宣伝によって生産者に対する消費者の信用がつくられたとしても、消費者にとっては、使用価値は使用してみるまでは見えてこない価値であることに変わりはないからである。繰り返しになるが、宣伝によって、交換価値は高められる。しかし、そのとき高められているのは交換価値であって使用価値ではない。使用価値は、生産者側で投下される労働の質のみによって上昇するものである。そしてその質は、ある種の熟練者の労働によるものであり、実質的に個人のものである。つまり使用価値は自然資源を元にして個人によって生産される。それゆえ、商品がもつ使用価値そのものは、厳密には個々に異なるものである。それが今日、同じたぐいの商品が大ざっぱに同等の価値をもつと見られるのは、機械生産によって生産者個人の質が商品に反映されなくなっているためである。他方、買い求められた商品は消費者ないし使用者個人によってその価値が実現される、あるいは、引き出される。つまりここでも使用価値は使用者個々人によって異なるものである。

そのように本来は個々の商品において異なるのが使用価値であり、生産者側の会社組織は、その生産労働者個人を支えるものでしかない。個人を会社が代表することができるかのように市場では宣伝されるが、商品の使用価値というものは、個人の力によって生産され、個々の商品が個々人に使用されるときまでは謎のままなのである。したがって、事実上、ある会社の製品であることによって使用価値が左右されることはない。つまりある会社の製品であること（ブランド名）は、宣伝によって価格を上昇させることができるが、それは交換価値の上昇であって、使用価値の上昇ではない。じっさい商品の使用価値は、宣伝が有ろうと無かろうと、同じだからである。

この種の事情は土地の価格についてとくに明確である。土地というものは市場に運ぶことができないために、権利書という信用証書によって売買される。信用証書による売買は、貨幣の売買と同様で、明確な国家権力による裏書きをもつことによって市場に出される。これに対して、たとえば牛を売ろうとして、市場に運ぶことが困難であったとき、市場のほうに牛のいるところまで来てもらう、ということは認められていない。市場は、売買される多くの牛がいてこそ成り立つのであって、一頭では、価格の決定（価格は公共性をもつために）が困難だからである。また、信用証書による売買も困難である。なぜなら、牛の品評は、やはり多くの権威者による品評によらなければ公共的な権威をもつことができないからである。これに対して、土地は、国家がすでに調べ上げているその面積と位置によって、公共的に価格を決定することができるので、信用証書による売買が可能なのである。

ところで、信用証書による売買は、当然信用によるものであって、現状における土地そのものの事実がもつ価値によるものではない。じっさい土地はその利用の仕方によって、使用価値が大きく異なる。土地は、農業生産、工業生産、商業、家族維持等々、さまざまな生産に利用される。したがって、その売買は言うまでもなく証書によって土地の所有権が確実に売買される信用を土台として、その土地から得られる利益を計算して行われる。ところで土地は、一般的に、あらゆる分野において生産の土台となるので、そこに期待される利益はそれだけさまざまであり、多くの憶測を生み、その憶測も含めて価格が決定される。そのため土地の売買では、土地そのものの価値ではなく、その位置と面積が担うことができるさまざまなものに対する期待によって価格が決定する。期待どおりに土地が生産的となるかどうかは、売買の時点ではわからない。

このように、市場の価格（交換価値）と商品の使用価値は、はっきりと区別されるものであることを十分に知らなければならない。消費者に必要なものは商品の使用価値であって交換価値ではない。売り手に必要なものは交換価値であって使用価値ではない。そして生産者に必要なものは、商品の使用価値と交換価値である。なぜなら生産者は製品を生産するときに消費者のために使用価値のある商品をつくらなければ消費者に喜んでもらえないと同時に、交換価値のあるものをつくらなければ商品として市場に出すことができないからである。

したがって生産者が直接に消費者に商品を売る場合には、問題が起こらない。なぜなら生産者は交換価値ばかりでなく、使用価値にも心を配り、消費者から、使用価値について感想をもらう立場に立つからである。問題が起こるのは、間に立つ商人が、消費者にかわって商品の使用価値を十分に吟味せず、ただ交換価値における差益のみを問題にしているからである。すなわち売れる商品であるかどうか、十分に宣伝されているか、知られた会社の製品であるか、消費者の嗜好に沿うものであるかどうかなど、商人の関心が交換価値に限定されがちになることによって生じるのである。なぜなら、このとき、商品は使用価値を無視されて消費者に売りつけられるからである。

五　使用価値の疎外

しかしながら、本来商人は、消費者に代わって商品を吟味して市場で売り買いする職人でなければならない。したがって商品の交換価値ばかりでなく、使用価値についても同様の関心を払っていなければならない。ところが、現代の資本主義社会では、商品の画一的大量生産によって定価販売（交換価値を生産者が決める）が基本となり、商品の使用価値の信用も、生産者が直接消費者に宣伝を通じて手に入れているので、個々の商品について商人が消費者の側に立って案配する必要がなくなっているのである。こうして商人は仕事の意義を失った状態で流通経路のなかに立っていなければならない宿命を背負っている。たとえば店員が客にある商品を勧めるとき、店員が実際に行っていることは自分が吟味した商品を勧める行為ではなく、商品の宣伝活動の一端を担っているに過ぎないのである。

他方、商品の吟味（使用価値の吟味）は、消費者の義務であり、この義務が果たされなければ、市場は誤った方向へ進んでしまう。なぜなら生産者が商品に使用価値ではなく、交換価値しか見なくなるとすれば、その原因はあげて消費者が商品に交換価値しか見なくなるからである（たとえばブランド名しか見ない、あるいは、価格の低廉性しか見ない）。そしてそうなれば、商品は交換価値のみのために生産され、運搬されることになる。たしかに現実には、使用にまったく耐えられないような商品は交換価値も失われるが、一見耐えられる程度なら、人々は、商品にすぐに不満を感じて新しい物に買い換える行動が生じ、経済はむしろ活性化されることになる。しかしこの経済の活性化は、本来のものではない（交換価値のみに偏している）ので、人間にも、その他のものにも、百害あって一利なしということになる。

このことを木材において見ることは意義があるだろう。言うまでもなく、樹木は水と同様の価値をもつ。その存在は環境的に見て、わたしたちの生存にとってなくてはならないものである。樹木は水とともに地上の生態系を支える基盤である。それは人間によって作ることができないものである。植栽においても、人間は土地の空間を占有し、力ずくで樹木の位置を決めているだけである。樹木そのものは工業的に生産できない。しかし、それは水とともに、どこにでもあるものと見なされ、低い交換価値によって市場で取り引きされている。「あちこちに大量にある」という事実は、市場では、「大量の在庫をかかえてしまっている」ことと同じに扱われてしまうのである。樹木が生態系の基盤である、という事実は考慮の外である。木材がもつこの交換価値の低さは、水と同様であって、それはけっして使用価値の低さを意味するものではない。

しかも現代の市場では、木材は地球全体の規模での希少性が高まっても交換価値に反映されない。それは、運搬技術の発達が交換価値を左右してしまって（遠くからもたらされている、ということが意識されないで）いるからである。つまり自分たちの周辺にはなくなっても、遠くから、周辺にあったときとおなじように持ち込まれれば、市場は、市場の場でしか交換のはたらきをしないので、同じ交換価格が維持されてしまうからである。こうした運搬という技術革新の背景があるために、木材は十分大量に市場で取り引きされ、低い交換価値しか与えられずにいる。それは在庫処分と同様の感覚である。

この事情は樹木がもつ環境的重要性に関心をいだいている人々を極度にいらつかせている。つまり市場は生命の価値を考慮できないのである。なぜなら、その使用価値（生命自体の価値）は生産に投下された労働の量ではなく、極度に熟練した生産者（何十億年にわたって自然が蓄積した知恵、あるいは、神）に属する質によって生じているからである。しかも木材を市場に運搬してくる者は、それを奪ってきただけであるから、生産のために投下した資本はただ同然である（投下された資本は奪うための資本に過ぎない）。そのため生産者側で要求する商品の価格はただ同然となる。そして、繰り返すが、交換価値のほうは使用価値とは別ものだからである。

使用価値のあるものが生産され、使用されることを基盤として、それが円滑に行われるために「ものの交換」がある。そしてこの「ものの交換」が経済の要点なのであるから、経済活動は「生産と使用に資する」ということ以上の活動であるべきではない。したがってもしもそれが生産と使用に資することがなく、ただ生産と浪費、あるいはもっとひどい場合には、略奪と浪費に資するだけなら、つまり使用価値を無視する方向に進むなら、それは誤った方向に進んでいるのである。

じっさい移送運搬の拡大と宣伝の増大は、商品がもつ交換価値を極限にまで跳ね上げている。ところで、交換価値が上昇することは、商品の使用価値は変わらずに、その商品の消費地域が拡大することを意味している。なぜなら交換価値の増大は市場取引の増大を意味するからである。それは消費地域の拡大となってあらわれる。ところで、商品の使用地域が拡大すると、消費者は生産現場も生産者も知ることができないために、情報の入手先をどうしても宣伝に頼ることになる。それゆえ交換価値、つまり価格に関しては、消費者は生産者ないし媒介者（店）の言うなりになってしまう。他方、生産者のほうも消費者を個人として見ることは、もはやできなくなり、個々の製品の使用価値について無頓着になる。そのため生産者は、交換価値を使用価値よりも重視することになる。こうして生産者は商品を媒介する店と同じ立場に立つようになっていくのである。

さらに消費地域の拡大は、商品の機械生産によってのみ可能となるので、商品が画一化される。そのために一個一個の商品についての吟味作業（使用価値の吟味）という、消費者の権利が侵害される。つまり消費者は、一個が吟味されたら、あとの同一規格の商品については吟味作業を事実上放棄させられるのである。それは同じ会社の製品全体に及び、いずれ会社どうしのブランド力の比較によって交換価値（価格）が決定されることになって、消費者による使用価値の吟味という権利は事実上奪われてしまうのである。それゆえにまた消費者は、商品を使い尽くすことなく、その商品についての宣伝の力が効いている間だけの使用で、さっさとそれを廃棄してしまうのである。

かつてマルクスは労働力が商品化することによって、労働者が疎外されると主張した。しかし今や、労働力どころか、商品自体の使用価値までが疎外されているのである。たとえばバブル経済のなかでは、土地がその使用価値を抜きにして、転売のための転売が繰り返された。しかし商品の使用価値の疎外は、同時に商品を使用する消費者の疎外でもある。なぜなら消費者にとっての商品の価値は、使用価値以外の何ものでもないからである。消費者が広告宣伝に踊らされて商品を交換価値で値踏みすることは、自らが消費者でなく、商人であると錯覚しているからである。

この現状は、しいて言えば、商品に対して、消費者が存在していなくて、商品を転売して、最後に、売れない商品をつかまされた商人が、商品を廃棄する状況にある、と見ることもできる。すなわち現代の消費者は、商品を買って使用しているのではなく、売れない商品をつかまされている商人に過ぎないのである。

このような状況のなかで、疎外されていないのは商品を生産者と消費者の間で媒介して、それを使用価値から引き離して売り払う商人や、商品を宣伝して交換価値を上げる広告店、および、交換価値そのものである貨幣のみである。すでに述べたように、生産者も、交換価値を優先して生産するほかなくなっているために、実際には、使用価値にすぐれたものを生産する喜びよりも、市場動向をにらみながらの苦悩を背負うことになっていて、生産から疎外されているのである。また、職人気質をもった商人も、機械的生産によって商品の価格決定権を生産会社に握られ、商品についての信用も、広告店に奪われ、「良いものを適正価格で消費者に提供する」という商人としての仕事を奪われている。

このように現代の経済社会は大量生産大量輸送によって商人の媒介を最小限にし、さらに消費者による商品の使用価値の吟味を最小限のものに近づけることによって、事実上、生産者と商人と消費者の権利を侵害して成立している。生産者は生産の喜びを奪われ、商人は商売の喜びを奪われ、消費者は使用の喜びを奪われているのである。このような権利の侵害があるということは、不正が行われている、ということである。なぜなら「権利」とは、正当な取り扱いを要求することだからである。この権利侵害は商品の機械生産による画一化、大量化、取引の過度な拡大によって生じている。したがって正当な経済活動を取り戻すためには、これらに十分な制限が加えられなければならない。

つまり画一化の否定、大量化の否定、市場拡大の否定である。個々人が消費する物品は一つ一つ、個々のものでなければならない。しかもその違いは、箱のなかに隠されているものであってはならない。消費者が、「これ」であって、「あれ」でないものを選ぶことが実現しなければならない。大量にふんだんに用意することによって消費欲を拡大し、どれでもいいから、という思いを消費者につくりだしてはならない。市場は、ことに食料については、小規模であることを原則としなければならない。

しかしこれらのことは、じつは、すでに簡単に触れたところの一物一価の原則の問題につながる。すなわち、本来、わたしたちが手にするものは一つ一つ違うものである。またわたしたち自身、一人一人違っているので、それぞれのものに期待することが違っている。それは微妙な違いであったり、意外に大きな違いであったりする。この違いが使用価値の違いである。つまり使用価値は同じ種類の製品について、けっして同じではない。この使用価値の違いを交換価値によって捨てさせるのが、市場の役割である。

市場は小さな規模であるときには、扱う商品の数も、買いに来る消費者の数も少ないので、定価をつける必要はない。消費者もどれくらいの価格で売られているか見当がついているからである。商人と消費者も顔なじみであるので、遊びの範囲でしかだましあいにならない。この場合、商人は、町医者のような立場である。買いに来た消費者の生活を考え、適度なものを紹介し、適度な値段で商売する。それは医者がすでに良く知っている患者の身体性格や生活習慣を考えて、適度な薬を調合し、適度な値段ですすめるようなものである。商人も医者も消費者も、それぞれが助け合いで生きている。

このような市場の段階では、ごく自然に、一物一価とはならない。一物多価が原則となる。商人が医者と同等の誇りをもつ世界では、商人は人のためになる仕事をしなければならない。そして人のためにする商売であって、自分のためにもうける仕事でないのならば、個々の人間の違いに配慮した商売が必要になる。つまり商売をするときに配慮しなければならないことが格段に多くなる。自分にとっても、消費者にとっても最良のものを、最良の値段で売らなければならないからである。消費者の側も、自分のために売られた商品は、他者のために売られる商品とは違うこと、言い換えれば、見た目には同じような商品でも、違う値段がつけられて当然であることを理解しなければならない。値段の違いをえこひいきと見るか、「わたし」をほかの人とは「違う人間」と認識してくれていると見るか、あるいは、自分をだましていると見るか、「わたし」のために特別の商品を選んでくれたと見るか、それらの見分けが、消費者の商人に対する識別力となる。良い商人をかかえられるかどうかは、良い医者をかかえられる町になれるかどうかと同様に、結局はこの識別力によっているのである。

これに対して、拡大された市場では、消費者の個々の違いに合わせた対応が不可能となり、定価販売が原則となる。ほかに管理の方法がないからである。とくに国家権力は合理的に税金を取り立てなければならないので、一様な経済活動が行われることを陰に陽に求める。なぜなら同じ規格の商品が異なった価格で売られるなら、かけられる税金の算定が煩瑣になり、事実上、正確な算定のためにかかる費用が取り立てることができる税金の額よりも高くなりかねないからである。そのために食料品さえも規格通りであることが要求される。すなわち、定価販売は工業製品と同じ扱いを食料品にも求めるのである。その圧力は消費者にも向けられる。つまり消費者の購買欲も、規格通りの製品を規格通りに求めるように、商品についての宣伝が規格通りに行われるのである。このようにして一般人は、規格通りに近い平均的人間が求められ、個性的で規格に合わない人間は振り捨てられる。せいぜい才能のとくべつに優れている人間だけが、その個性、創造性を買われて社会復帰を果たすだけなのである。

もともと自然の発展は、多様性を高める方向にはたらいている。それゆえ、このような文明社会の発展が人間性を破壊することは、はじめから目に見えているのである。現代においてコンピューターの技術力を背景にして、多様性が各商品について実現されていく方向に進んでいるが、「もうけ」は、基本的に「安上がりに大量に」なされることによってしか生まれないので、多様性をもった商品が市場に出るときは新鮮であっても、かならずその後追いが起こり、そのままでは儲けにならず、かならず画一化、大量化の道を企業は追求しなければならなくなる。それは原則として避けることができないのである。しかしこの道は自然が発展する道に反するものである。それゆえ巨大企業は、巨大市場とともに、いずれ否定されなければならないのである。

六　貨幣のはたらき

比較的規模の小さな地域を超えて拡大した市場活動によって、人間の疎外は生産者と交易者と消費者に及んでいる。消費者であるわたしたちは大事に作られた商品の使用価値を一人一人が大事に引き出していくことができなくなっている。一方、生産者は消費者の顔を見ることができず、市場の動向に左右されて、交換価値を重視して、使用価値を軽視せざるをえない。交易を行う商人も「ものの交換」を行う市場のたんなる一部と化し、使用価値を無視して売り払うことしか考えなくなった。一つ一つの商品がもつ使用価値の創出とその使用は、生命的な偶然性、個別性(個々の相違)を商品がになうことができる側面なのであるが、それが市場の拡大にともなってますます軽視されている。ところで、このような市場活動を媒介しているものは、言うまでもなく貨幣である。それゆえ、つぎに我が世の春を謳歌している貨幣について考えてみよう。

貨幣というものは、ものの交換価値を市場価格として規定して容易にものの交換が行われるようにするための道具である。それゆえ貨幣なしには、市場は一定規模以上に拡大しない。なぜなら貨幣を媒介にしなければ、かさばり、腐りやすいものどうしの交換が市場での取引のすべてになってしまうからである。つまり物々交換には物量的な限界がある。この限界を乗り越える力をもつのが貨幣である。ところで、もともと貨幣として使用されたのは金であった。金自体が交換価値の典型であったからである。それは人類によってどんなものとも交換されることが承認されたものである。それは持ち運びが容易で、さびることもないために変化がなく、そのために貯蔵が容易であり、なおかつ、「交換」という行為の抽象性（ものと関わりながら、もの自体ではない）に適合していたのである。つまり金は物でありながらその輝きで同じ価値を永遠的に表現して、もの自体ではない価値（ものから離れた抽象的価値）を示すものとして一般に承認されるものだったのである。

このことを明確にしなければならない。たとえばわたしたちは、ある水の量を示すために、ある一定の量を「尺度・単位」としてあらかじめ決めておいて（たとえば、摂氏4度のときの1立方センチの水の量を1ccと決めておいて）、その単位分の水がどれだけ、その中に数えられるか、ということで、水の量を測り、それを示す。たとえばある大きさのコップのなかにある水が、どれだけの数の1ccを含むか、ということで、コップのなかの水の量があらわされる。それがおよそ15個分の1ccであるなら、その水の量は15ccである。このとき、15ccの水は、現実のひとかたまりの水であるが、15ccという量はある抽象性をもっている。なぜなら別の水を取ってきて15ccの水に分けることができるからである。要するに、わたしたちは複数の15ccの水のかたまりを見せることができる。それぞれの水は別の水であるが、15ccという量は等しい。つまり「同じ」という概念で受け止められる。このとき、水の実質とは区別されてその量が認識の対象として抽象されていると言うことができる。

さて同じ意味で、金の「量」は抽象的である。それは金自体とは別の物として認識される。そしてそれが、さらに何か金とは別の物（商品）と交換されるのである。ここには二重の抽象がはたらいている。つまり商品のほうも金の量に見合う価値量が抽象的に取り出されており、それが、金の量と比較考量されることになるのである。貨幣の使用によって拡大された市場経済のなかで、このような二重の抽象が日常化する。商品とか、商品のもつ実質的使用価値などの実体がこの「二重の抽象」によって貨幣の量に変換されているのである。この日常によって、ものの実質が見失われて、物量でものを受け取る精神性が人間社会のなかに養われていくことは、おそらく、けっして止まらない。

市場での貨幣を媒介にした交換には、このように二重の抽象がはたらいていることを指摘すると、貨幣による交換は物々交換と比べて高い精神性をもつのだと解釈する向きがある。しかしそれは正しい見方ではない。この場合の「抽象」（具体的なもののなかからその本質を引き出すはたらき）は、何かを捨てる、つまり「捨象の結果」であって、抽象によって捨象があると見るべきではない。つまり本質的なものを引き出して取った結果、夾雑物を捨てることになっているのではない。たしかに一方を取ることが他方を捨てることである場合、取ることが先か、捨てることが先かは、ときと場合によるだろう。しかし貨幣による抽象は何かを取る結果として何かが捨てられているのではない。なぜなら、貨幣が使用される現場である市場では、ものの使用価値が捨てられて、その結果、交換価値が残り、それが貨幣と交換されるからである。

もしも商品の貨幣との交換において、商品の使用価値が捨てられるのではなく、反対に、取られているのなら、使用価値は無限の差違を生じるので、商品と貨幣との交換は不可能になる。それゆえ交換のための貨幣の使用は、「捨象のはたらきによる抽象作用」によって可能になっている、と言わなければならない。言い換えれば、ものの使用価値という本質を捨て去る、あるいは、見落とすことによって、ものの交換価値のみを残し、それによって貨幣の使用を可能にしているのが市場である。市場活動とは、この事実を、ものがもっているさまざまな価値のなかから交換価値のみを抽象したと表現することで、人をだましているのである。したがってそれは高度な精神性によるというよりも、使用価値について考えることを止めてしまう精神の怠惰によっているのである。

この精神の怠惰は、じつは文明がもっている病理である。すでに述べたように、文明の誕生は特定の植物の実りを確保することによって生じた。ある土地を支配し、その土地に特定の植物のみが繁茂するように整えることが文明の基盤である。それによって人間の数を飛躍的に増やし、土地を支配する力を確実にしたのである。ところで、特定の植物の実りのみを確保することは、

「その他のものの排除」の思想となる。それが文明の精神文化を形成する。この思想は、言い換えれば、単純化の思想である。文明以前の人類の思想は、生命自身がもっている傾向と同じであって、共生によってますます複雑化していく傾向を喜ぶものであった。つまり複雑化することに生命の進歩を認め、玄妙な美しさを認める思想であった。一つの森にどれだけ効率的に多くの種の生き物が生きられるか、ということが課題であった。それを理解することは、ますます人間の頭脳のはたらきを複雑化することであった。人間はトンボの複眼よりも多くの心の眼をもつことを強いられただろう。しかしそこには美しい森が広がっていたに違いない。森が美しいとき、森のなかでさまざまな生き物が生命の喜びを味わうことができたし、それらは「食」においてつながっていたのである。しかしまた、一定の地域が多様な生き物にあふれるということは、それぞれの種は決して大量にはならない、ということを意味する。したがって人間も数を増やすことができなかったに違いない。

ところが文明が持ち込んだ排除の思想は、特定の実りのみを拡大する。それによって人間も数を飛躍的に増やすことができた。しかしそれは森のなかの生き物を単純化し、特定のもののみの数を増やすことだった。ところが排除の思想をもつ人間は、むしろそのことに執念を燃やす。ほかのことは配慮しないのである。それは森を単純化することでしかない。これを抽象化（価値のある特定の本質を取り出す）と呼ぶか、捨象化（夾雑物を捨てる）と呼ぶか、どちらが事実を反映した表現かと言えば、明らかに後者であろう。つまり人類は生態系の一部のみを残して他を捨象してきたのである。繰り返すがこれによって人類は自分たちの数を飛躍的に増加させた。そしてこの増加を自分たちの勝利の証拠と考えたのである。しかし、それは生命が求める多様性の排除であった。それゆえ、それは自然に反するのである。

　ところで、特定のものを独占的に取り、他を捨てるこの捨象の思想は、本質的に、「排除の思想」、「単純化の思想」である。さて、すでに述べたように、商品から使用価値を捨て去り、交換価値のみを残し、それを貨幣の量とのみ比べるのが市場のはたらきである。すなわち、捨象は市場でのものの交換を可能にしている。そして同じこの思想が市場を拡大する貨幣を生みだしたのである。したがって貨幣は排除の思想を代表している。

　ここでわたしたちが知ることができるのは、すでに述べたように、本来市場で取り引きされる商品は交換価値と使用価値の両方をもつのであるが、金の量と交換されるとき、それはただ交換価値として扱われる（使用価値が交換価値に内包される）、ということである。というのは、市場での交換において表面に現れるのは、言うまでもなく交換価値であって使用価値ではないからである。すでに明らかにしたように、使用価値そのものは、消費者によって使用されたときにはじめて表面に現れるのであって、それまでは期待されているだけである。言い換えれば、市場で商品は「使用価値が隠蔽されている」。それゆえまた、商品が市場で扱われることが多くなる分、商品はそれだけ使用価値を隠蔽され、知らず知らず交換価値のみで扱われることになってゆく運命にある。

それゆえまた、商品の価値量を算定する問題として、商品の価格決定を再び問題にしていこう。商品は本来、使用価値と交換価値の両者を有しているが、運搬の技術をはじめとしてさまざまな要因が市場を拡大し、使用価値を無視する方向に進む。商品の使用価値が無視されていく要因の一つは、すでに述べたように、市場での扱いが増えれば、使用価値がそれだけ厚いベールで隠蔽される、ということである。また機械生産による均等化・画一化と大量化も、使用価値を隠蔽する。なぜなら商品はもともと、その商品を扱う人それぞれによって使用価値を引き出されるものであり、そのため、どの一つも同じ使用価値をもつことはありえないのであるが、商品が表向き画一的に「同じ」であれば「使用価値も同じ」であるという、根拠のない宣伝によって本来の使用価値が見えなくされているからである。つまり商品が画一的に同じであれば、同一市場の中ではたしかに「交換価値は同じ」である。しかしそれを「使用価値」と錯覚させることで、本来の使用価値を隠蔽しているのである。つまり使用価値は、商品を個人がそれぞれの生活の工夫によって使用することによって異なるものであるが、同じ交換価値のなかに置かれて、そのために見失われていくのである。

大量化についても考察しておこう。もともと市場に出される商品は、ある程度人々に行き渡るものでなければならない。なぜなら市場で消費者が十分に多数でなければ、一定の価格が公共的に認知されることにならないからである。一人が特殊な事情で買った値段がその商品の基本価格になるのではない。すなわち通常の需要が市場で見いだされなければならない。言い換えれば、本来商人は、商品の社会内での一般的需要を算定できなければならないのである。それゆえ市場で交換される商品は、一定量以上の規模であることが要求される。そしてそれは当然同じような商品であることによって一定の価格がつけられる。そして規模が大きくなればなるほど、一定の価格が公共的なものとなり、それが常態化する。ところで、一定の商品の大量化はその商品が扱われる市場の大規模化をもたらし、結果として生産者と消費者の距離を拡大する。それはこれまでさまざまに述べてきたように、使用価値についての消費者の吟味を見失わせる方向に進むのである。

七　期待値と交換価値

以上のことを考えたうえで、再度、価格決定について見てみよう。それは消費者と売り手の交渉によって決まるものであることはたしかである。この基本に返るために、わたしたちはここで少し古い時代の市場を思い浮かべることにしたい。

ある農民が良い鍬を買う場合を考えてみたい。鍬は、もちろん土地を耕すために必要な道具である。かれの鍬は少し古くなって、使っているとこわれて、修理に手間取るようになっている。また刃が減って十分な耕作ができない。かれは新しい鍬がほしいと思うが、今のところ古い鍬でもやりこなしている。とはいえ、新しい鍬で作業したほうが同じ結果を得るうえでは、はるかに労働量が少なくなり、その分、楽になる。したがって新しい鍬で同じ労働をすれば結果として得られる作物の量を増やすことができる。しかも農業生産者は自分だけではない。ここには競争がある。競争の判定をしようとしているのは消費者と生産者を媒介している商人である。商人は商品の価値について漠然とながら、それはある程度だれもが生活上必要とするもので、それを「持たない」ことによって、社会内でのある種の競争が不利になると考えられる分、取り引きされる価値（市場価値）をもつことを知っている。それゆえ生産者である農民は商人を相手に鍬の価格について、交渉をはじめなければならない。言うまでもなく、商人の間にも競争がある。

こうして農民は鍬について、それを得ることによる利益の期待値を考え、商人はそれを推し量り、なおかつ、仕入れ値との差益を考えて、適当な価格を主張することになる。農民は商人の主張する価格の妥当性については、自分の側の期待値との比較のみで主張し、折り合いをつけなければならない。したがってこの場合、もっとも重要なのは、農民（消費者）が、自分が使用しようとしている商品に対してもつ期待値の大きさなのである。なぜなら農民の期待値が十分なものでないなら商品は交換されないからである。そしてそのときには、その商品の価格は実質的にゼロ（市場での取引がない）となる。

したがって商品の使用価値が価格を決定しているのではなく、市場での買い取り側の「期待値」が商品の価格を決定するのである。言い換えると、期待値こそ市場で金の量と交換される量なのである。言うまでもなく、期待値は使用価値と無関係ではない。むしろ期待値は、使用価値についての期待値である。とはいえ、使用価値それ自体ではなく、あくまでもそれについての期待値なのである。すでに述べたように、使用価値はそれが使用されるときに至ってはじめてあらわとなる。市場においては隠蔽されたままである。つまり市場価格（交換価値）は、使用価値にたいする期待値、という関係で結ばれるのである。

他方、使用価値についての期待値は金の量によってあらわされる。期待値はさまざまであるが、それが「金」という「交換価値の典型」であるものによってあらわされてはじめて市場性をもつ。消費者も金によって自分の期待値があらわとなることを恥じるどころか、誇ることにすらなる。なぜなら金は近代以前の封建的な時代を通じて、あらかじめ「尊重されるもの」というイメージがつくられているからである。こうして消費者は金を前にして己の期待値をあらわし、商人はその期待値を自分の利益と比較考量するのである。別の言い方をすれば、人間は期待値という「自己の欲望」を、「金の量」であらわすことによって、欲望の公共的表出を恥じなくなったのである。

欲望の公共的表出が金という表現手段の開発によって恥じられなくなると、言うまでもなく欲望の抑えが効かなくなる。さらにまた、交換価値は、「使用価値の期待値」として使用価値そのものを隠蔽して、使用価値になりすましている。そして本来の使用価値は生産者の生産の喜び（創造的喜び）と消費者に役立つはたらきという高貴な価値を体現しているのであるが、交換価値がそれになりすますわけである。そして、期待値から決定される交換価値は、「金」に値する

「高貴な価値」であるというイメージを獲得することにまんまと成功してしまうのである。こうして使用価値に対する期待値（欲望）は、似非使用価値である交換価値を決定し、「金」であらわされることによって、「高貴な顔」をもつことになったのである。

こうなると他のどんな商品よりも、「金」（すなわち貨幣）が求められるようになる。なぜなら「金」（貨幣）こそ、美しく欲望を隠蔽する道具となったからである。それは交換価値そのものであり、似非使用価値そのものである。しかも本来の使用価値は個々の商品のうちに隠れ、それを引き出す消費者の努力を待つものであるが、金という似非使用価値のほうは消費者の努力をあざ笑い、消費者の欲望そのものとして、欲望の充足をその輝きで約束するのである。人々はその輝きに魅了されて本来の商品の価値、すなわち使用価値を引き出す努力を忘れてしまう。そのために人々はますます安易な使用ができるものをもとめ、安手な商品が市場では売れる状況が生じてくる。

そして安手な商品が市場にあふれると、商品による満足感が薄れ、ますます金の価値が、あるいは、貨幣の価値が高くなる。人々は自分が使用するものよりも、交換する力をもつものに魅力を感じるようになってしまうのである。理由はふたつある。ひとつは、金は商品のように劣化しないからである。もう一つの理由は、ものの価値は個人個人が引き出さなければならないが、金は、それ自体が価値量であると公共的に見なされているからである。じっさい、それは市場の拡大によってどんなものとも交換されるものとなる。また運搬技術の発達によって、地球上のあらゆるところから金（貨幣）との交換を求めてあらゆる商品が市場にもたらされる。

八　貨幣の蓄蔵

こうして、土地ではなく、貨幣が蓄蔵されることになる。それはいつでも何とでも交換される商品である。しかも移送が容易であり、その点で土地とは大いに異なる。かつては、土地が資本であった。なぜなら多くの物が土地から生産されたからである。それゆえ国家はその基盤を土地という領土によって形成したのである。商業は、今度は土地よりも、それから生産される物を資本として成長した。物は領土を超えて取り引きされる。それゆえ商業者は土地にしばられない成長をとげることになった。

さらに商業が発達して交易ルートが安定的にできあがると、貨幣は、さまざまなものと交換できる力を手に入れる。なぜなら商品が安定的に市場にもたらされることになれば、貨幣の価値も安定し、確実に商品を買い取る力になるからである。言うまでもないことであるが、国家権力の安定も重要なファクターである。貨幣の価値を保証するのは国家権力だからである。政権の安定や、政権がもつ武力によって、政権の基盤は安定し、それによって貨幣の価値も安定する。

かつて「ローマの平和」と呼ばれた長期の平和が存在した。このときに貨幣の力によって力を貯えたのがユダヤ人であった。当時、貨幣は汚れたものと見なされていた。そのためローマの貴族は、自分たちは直接貨幣を扱わず、それを国家をもたないユダヤ人に扱わせたのである。かれらは貨幣を扱うことで差別されたが、そのことによってむしろ隠然たる力を手に入れ、ユダヤ人差別が助長されていった。すなわち、ユダヤ人は貨幣を扱う汚れた人間であると見なされながら、金利によって意外な力をもつようになったのである。すると、羨望がますますユダヤ人差別を助長することになった。それゆえユダヤ人差別の存在は、貨幣というものの意味を考えさせる重要な事実だと言える。というのも、金利の稼ぎは、金が金を稼ぐはたらきである。人間は金の働き口を捜すだけである。それゆえ金利によってもうける貸金業は、貨幣というものが、市場経済の発達によって人間を奴隷化する力を内包していることを表している。

しいて言えば、市場経済に慣れた人間が貨幣に執着することと、ユダヤ人差別は切り離せない問題なのである。貨幣に対する執着に羞恥を覚えるのなら、市場経済の発達のなかで、ユダヤ人差別は避けて通れなくなる。なぜなら、市場経済の発展は貨幣の力を増すので、だれでも貨幣が欲しくなる。しかし、その一方、その貨幣に自らの欲望を感知する人は、それを扱うことに恥じらいを覚えるほかないからである。しかし文明の発達は市場経済の発達とともにある。したがって文明の発展を喜ぶものは、市場の発展を否定することができない。ところがその市場の発展が貨幣の力を増すのである。貨幣を扱うことを恥じて他人にそれを任せるとき、人間は、貨幣を扱う人間を軽蔑するほかない。ところが、貨幣を扱う人間は、貨幣のもつ力によって、市場において確実な力を貯える。その力は市場の発展によって、どんなものでも買うことができる力となる。それゆえかれらに貨幣を任せた人間は、いつのまにか、かれらに負けるのである。この思いも寄らない勝敗の帰趨によって、ヨーロッパ人の間でユダヤ人差別が根深いものになっているのである。

そして貨幣の流通が広範なものになれば、貨幣は国際的協調の中でさらに安定性を獲得する。貨幣の流通が諸国の間で自由になっていくということは、貨幣を支える力が国境を超えているということである。したがって、それに反対することは国際シンジケートを敵に回すことよりむなしいことになる。

さて、このようになったとき、しいて言えば、貨幣において欲望は自己完結する。なぜなら貨幣はまず、すでに述べたように欲望の公共的表出である。ところが、それは市場を通じて現実に何とでも交換できる力をもつのであるから、市場が世界に広がれば、世界がもついかなるものとの交換も可能になる。したがって貨幣は、欲望の実現を完全なものにできるのである。何しろある特定の地域の産物だけが手に入るすべてではなく、世界中のあらゆるものが貨幣の力で手に入るからである。しかも貨幣は、あらかじめ欲望の実現を約束している。言い換えれば、貨幣は未来の価値まで買い取っている。なぜなら市場経済を背景にして、求めるものは何であれ、手に入れる力が貨幣だからである。しかも現在求めるものがなければ、貨幣は貯蔵され、将来求めるものが現れたときに使うことができる。それゆえ、世界が市場化するに至ると、世界の至る所で欲望の増大（未来の価値を買い取る欲望）は「貨幣量の増大」というかたちで現れる。

したがって貨幣量が増大する経済（遠い未来までを巻き込む市場の拡大）を喜ぶ人は、じつは欲望の増大を喜んでいるのである。しかし古今の学者が指摘してきたように、欲望の増大は深刻な問題をつねに生じる。なぜなら物には限界があるが、欲望は限界なしに膨張するからである。もしも貨幣が限界なしに増大するとしたら、何が起こるだろうか。何しろ貨幣は、あらかじめ欲望の実現を約束している力なのである！　しかも貨幣が買うことができるものは、愛でもなく、知恵でもない。貨幣は、正義も、思慮も、ましてや節度を買うことなどできはしない。そうだとすれは貨幣が約束している欲望の履行は、いったい何をもたらすのか？　疑いようもなく、人間の限界も、地球の限界も超えたことがらの実現である。

わたしたちは複雑に絡み合いながら膨張している問題の本質を見きわめなければならない。これまでの考察で明らかになってきたことによって広い視野で世界の現状について考えてみよう。土地と、土地から生じる物に基づく経済は実体経済である。なぜなら、それらは疑いようもなく実体だからである。しかし貨幣は実体ではない。それは人間の期待値、つまり欲望に過ぎないからである。貨幣はそれを保証している国家権力がなくなれば、ただの「もの」に変身する。したがって貨幣を資本とする金融経済は実体経済ではなく、「期待」経済、ないし「欲望」経済である。要するに、金融経済は、期待ないし欲望を動かしているのである。それはちょうど賭博行為に似ている。さいころの目の出方に期待して賭博が行われる。それは実現すれば賭けられた貨幣が倍増するからである。同じように、期待値である貨幣はその本来の役割を演ずるとき、投資（将来がシミュレーションされ、計算された賭博）というかたちを取る。つまりあるものの生産を期待して貸付けが行われるのである。なぜなら貨幣は期待値であり、言い換えれば、それは未来の価値の実現に対する期待値だからである。

たとえば国家は税金を国内のどこかに投入する。それは国家社会のなかに何らかのサービスが実現することを期待して行われる。たとえば公共工事がその種のものである。その仕事を国民側で引き受ける企業は、いわばあらかじめ国家から借金をして仕事をはじめる企業である。つまり先にお金を受け取って、その後にそれに見合う仕事をする。仕事の成果を通じてお金を得るのではない。国家予算はすべてそのように使用されるものである。国家経済がそのように運営されるもとでは、企業もあらかじめ年収を決めて社員を雇う。すなわち企業も社員を期待で雇うのであって、成果で雇っているのではない。個人商店内部のような環境でなければ、売れた分の利益を見て、雇い人に給料を払う、ということはできないのである。

ところで、このような経済運営は本質的に実体経済ではなく、期待経済である。それは投資、あるいは、ばくち経済である。なぜなら成果を得た上ではなく、「期待」して金銭が支出されることは、「投資」と呼ばれるからである。「投資」と言えば聞こえがいいが、現実には「金貸し」に過ぎない。商品経済の発達は金貸し業を生じる。そして金貸しがはじまると、借金を返せないことが起こり、没落するものが出てくる。そのなかで金貸しだけが肥え太る。それによって社会が不安定になることはヨーロッパにおけるユダヤ人問題や日本における江戸期の農民の問題ですでに知られている事実である。ところが現代ではそれを国家が行っている。国家が貸し出しているので不当な金貸しや借金取りにはならないかもしれない。しかし実体は変わらない。ことに異なる国家への貸し出しとなれば、それは個人の貸し出しとさして変わらない。なぜなら自分の国の企業への貸し出しは、自分の国の経済を危険にさらすことにならないように、あらかじめ抑止がはたらくからである。これに対して他国となれば、それはその国が考えれば良いこと、ということになる。したがって国家間での金貸しは、ちょうど江戸期の金貸しのはたらきと同じことになる。

ところで金貸しは、借りる側に事業の成功、不成功の責任を押しつけておくことができる。なぜなら貸し出した貨幣の価値は国家が保証しているし、貨幣は腐らないからである。もしも貸し出した貨幣の価値が借り手の事業の失敗によって下がるなら、貸すほうも、借り手の事業が成功するために多くの努力が要求されるだろう。しかし、そういう義務は、貨幣が免除している。貨幣は国家がつくり、保証しているからである。他方、事業というものは、いくらかは努力ではなく運によって左右される。運が悪ければ一生かかっても返せない借金が生まれる。したがってその結果は実体とは離れる可能性をつねにもつ。言い換えれば、期待はつねに期待通りには実現しない可能性をもつ。それゆえ、それは一種のバクチである。

ところが期待の実現を約束している貨幣のほうは、成果を得る前に借り手側に渡されている。成果が出ないときにはどうなるか。貨幣はすでに借り手を通じて社会の中に出ていってしまっているのであるから、期待が実現しないとき、事態は混乱する。つまり社会に出た貨幣が何を実現しようとするかは、もはや国家の手を離れ、「分からなくなる」のである。もう少し詳しく言えば、期待値として発行された貨幣は、一定のサービスが実現されたあとは、それが当初の期待通りであるかどうかは別問題として、つぎに何の期待値になって社会のなかではたらくかは、それをもつ人間による。それゆえ、国家としては、予測がつかないものになる。ヨーロッパにおいて、古代からユダヤ人問題がこのことと関わっていたことについては述べた通りである。ユダヤ人は貨幣を蓄積し、国家の統制から離れた貨幣の移動によって経済活動を左右することができたのである。言うまでもなく、それは経済の安定的発展によって可能なのであって、思わぬ戦争の惨禍によってそれが滞ることは起こる。しかし、経済は文明の発展とともに発展することを約束されているのであるから、傾向としては、貨幣を蓄積する力は、国家に対抗しうる力となっていく。そして現代では、国際企業、国際シンジケート、国際テロ組織が、国家の統制から離れて世界を左右している。そしてこれはユダヤ人問題の現代版である。じっさい、アメリカでの大規模なテロによって、アラブ人差別が起こったことは記憶に新しい。

ところで、市場の発展にともなって裏社会にこうしたやっかいなことが起こることについては別としよう。表向き、企業は国家が行う期待経済を公共的に担う。そしてさらに、市中にだぶついた貨幣を集めて私的に期待経済を担う。こうして、国家も企業も、貨幣を資本として盛衰する。言うまでもなく、貨幣は物以上に運搬が容易であり、デジタル化した現在、地球上を瞬時に移動する。それはかぎりなく実体のない活動である。物は一定の空間を占めるが、貨幣は空間の条件からさえも自由になっているのである。

しかしこのような経済活動が大規模な破壊に向かうのは、その成り立ちからして当然となる。なぜなら期待経済は欲望経済であり、その資本となっている貨幣は欲望の実現を約束する証券だからである。国家は税というかたちで市中の貨幣を取り戻すことができるが、それがあらたな投資に向けられるなら、欲望の肥大化を止めることはできない。また、企業の税を軽減することは期待経済の肥大化政策であり、世界が陥っている矛盾を解決するどころか、拡大するものでしかない。先進国では個人が株に投資し、個人投資家が世界のあらゆるところに膨大な資金を投資している。国家は土地という実体経済のうえに権力をもっているが、貨幣はその権力を攪乱する。

国家がこの攪乱に乗りやすいのは、国家が期待経済に基盤を求めてしまっているからである。たしかに期待経済の拡大は税収の拡大をもたらす。なぜなら実体経済には自ずから限界があるが、期待経済は欲望に基づくものであるゆえに事実上限界がないからである。しかし欲望は限りがないので、膨らんだ期待をおさめることはできない。そのため、国家は市中によどんだ貨幣を全量回収することができない。だれもが蓄財によって貨幣に基づく権力を求めているからである。投資を基盤にする企業は（個人は企業に投資することによって参加する）自由を求めている。その自由は、貨幣の自由な操作によって現実感を得ることができる。それゆえ、税負担を嫌うのである。

したがって国家権力側がどれほど強権を用いて税を取り立てようとしても、国家が期待経済に軸足を置いてしまえば、もはや企業は国家の言いなりにはならない。あるいは、国民の預金残高が大きい日本においては、国民は国家の言いなりにはならない。むしろ国家権力が企業や国民の言いなりになる可能性が高まる。こうして国家はもともと土地に基づく実体経済に基盤をおいて存在しているが、国民が求める期待経済に軸足を移動することによって、貨幣によって力を得た一部の国民によって足下をすくわれるのである。

じっさい実体経済の基盤の弱いところに成立した政権は、期待経済に軸足を置いてしまうことによって悲劇を生み出す。ある国の国民は、自分たちの土地で作物を育て、自分たちが食べている余剰分を市場に出していた。ところが、国家（指導権を握った一部の国民）が、外国の企業にその土地の購入をゆるしてしまった。外国企業はその土地で、その国の国民を使って商品作物を生産させ、それを輸出に回し、税金を差し引いた残りの一部を、はたらいた国民に還元した。しかしその金額では国民は食物を買うことができない。国民は食べていくために借金を余儀なくされ、借金のために労働をつづけるほかなくなり、奴隷化してしまった。このように、期待経済に軸足を置く国家は最終的には国民を企業に売って国民を奴隷化することになる。しかしこのような結果は、たとえ先進国であっても、遅かれ早かれ、あるいは、多かれ少なかれ、投資を行う一部の国民や企業の言いなりになって期待経済に軸足を置くことになれば、起こることなのである。つまり税金の徴収によってだぶついた貨幣を回収することに国家が失敗すれば、個人の欲望は公共的な社会基盤を無視して何事かを実現していく（一般的には自然の大規模な破壊を含む投資となる）のであるから、それによって社会基盤がこわれる危険性はきわめて高いのである。

誤解のないように付け加えておくが、ここでは、「国家」という名は良識的な国家を指して言っている。たとえば現実の日本は、一部の国民を代表する国会議員、あるいは政府職員の手によって、税金の支出を大規模なものにして、徴収よりも多くの「金貸し」を行って国家経済を破綻に追い込んでいる。そのあり方は、ちょうど戦前に日本にあった参謀本部のようなものである。昭和初期、参謀本部は、憲法に規定された権力ではないにもかかわらず、国民の知らぬ間に国外で軍事問題を起こして国民を戦争に追いやり、それでいながら一切の責任をまぬがれていた。同じ事を、経済戦争のなかで行っているのが、一部の政府職員なのである。徴収された年金その他を勝手に投資して国民を破綻に追い込みながら、何の責任も取らずに済む状態である。そしてすでに破綻状態である結果として、今や税金の徴収は市場にだぶついた貨幣の返却のためではなく、あらたな金貸し（投資）を行う資金としてしか考えられていない。このように、期待経済は膨張することのみを前提にして存在するのである。

言うまでもなく、もしも国家が税金の徴収によって国民を奴隷化する（企業倒産によって経営者が借金に追われる）ならば、それは、企業が国民を奴隷化するのと、どこが違うのかという疑問は起こる。たしかに破綻状態となっている現状では、そのようになるだろう。しかしここでは個々の場合を検証する余裕はない。しかし、つぎのことだけはたしかである。すなわち、いずれにしろ本質的な問題からして、貨幣経済は期待経済をもたらし、欲望についての国民の意識が十分でないなら、その結果として悲劇が生じることは避けられない、ということである。なぜなら欲望が抑制されなければ悲劇的な破壊が生じることは、古今東西、枚挙にいとまがないからである。いまさらそれを得々と語るのはばかげているであろう。わたしたちが知っておかなければならないのは「貨幣というものは、欲望を実現することを約束して国家が発行している証券である」という事実である。

九　利益の還元

市場経済ないし自由主義経済は個人によって利益があげられるシステムである。「ものの交換」は、ものの所有を前提にしており、そこから生じる利益は個人に帰属するからである。しかしこれについても考察が必要である。なぜなら市場のシステムは社会のものであって個人のものではないからである。そのシステムが社会に有益であるかぎりで、社会はそのシステムを維持する、というのが正当なことであろう。

ところで、市場経済によってあげられる利益は、すでに述べたように、直接的には商人の個人的努力によって、消費者の期待値が大きなものを、消費者に提供することによって作られる。原料代としては、生産費用と運搬費用があり、それと期待値との差額が利益となる。したがって利益が大きくなるかどうかは、その商品の使用価値に対する期待値の高さいかんである。

期待値の高さは、たいがい、商人の説得（一種の宣伝）によって上昇する。言うまでもなく、商品自体の出来の良さ（見た目のであるが）によっても左右される。ところで、商品自体の良さについては、商人の努力は、商品の生産にはかかわらず、ただその商品を見つけだしてきたこと、それを運んで市場に出したことについて、功績がある。また商人の説得が差益をあげるうえで大いに貢献するが、その説得を成り立たせる基盤となっている社会事情は、商人個人の貢献ではない。つまり、その社会内でさまざまな物資の消費が盛んであるかどうかについては、商人の功績はない。しかし、消費が盛んでなければ、期待値は高まらない。

したがって商人が手に入れる利益は、かならずしも全額商人個人の功績によるものではない。それゆえ、その利益は一部が社会還元されなければならない。同様なことは生産者にも言える。市場が活発でなければ生産物は売れないからである。ところで、利益を社会へ還元する道の一つが税金の徴収によって実現される。ただし、どの程度の利率が妥当であるかはたいへんむずかしい問題である。一般的には過小となりがちである。その理由は、国家が税金の徴収理由を国家の経営（行政サービス）のためであるとしか考えていないために、税の利率について及び腰となるからである。じっさい、利率を下げるための商人や生産者の説得が、国家が経済状況の観測から得た結論をにぶらせるだけの力をもつ。たしかに税金の徴収が過大となれば期待経済の活動が鈍り、一挙に国家は税収を失う。そのために金の扱いに長けた商人の脅しに国家が負けてしまうのである。

すでに述べたように、国家は経済力と政治力によって権力をもつのであって、経済力を失えば、たとえ政治能力を失っていなくても、実行力が失われているために、国家は権力を失って破綻する。また余剰金の一部は政党などの政治団体に入る。それは商人が政治的権力を後ろ盾にする道である。それゆえ自由主義経済（期待経済）のもとでは市場から生じた利益が十分に社会還元されずに個人の利得となって蓄財され、すでに述べたように、巨額の投資を通じて国家経済を混乱させる要因となる状況が生まれてくるのである。

とはいえ、結果として現れるこの種の混乱を避けるために何かをするというのは、社会正義を実現することではない。社会正義を実現するためには真実を見極めなければならない。すなわち、問題を冷静に眺めるためには、市場からあがる利益は本来だれのものか、ということについて、十分な考察が必要である。

しかも、そもそも市場経済は貨幣によって動くとき、欲望経済となりがちであることについても、一定の考慮が必要である。なぜなら、その向こうに、欲望は正義か、という問題がさらに控えているからである。

これについては、すでに一応の前提となる問題を見てきた。人間を含めて自然は「いのちの交換」をして存続していて、この大自然のなかでは、正義は問題にならない。大自然のなかでは、全体がまったくの正義でしかないからである。何が起ころうと、特定のだれかが悪いということにはならない。すでに述べたように、生態系は葉緑素のはたらきを根底にして、それが生みだした栄養分を循環させる。すなわち、動物が植物を管理し、管理に応えて植物が動物に栄養分を与えている。ところが、人間が特別の植物のみを意図的に繁茂させ、他を排除することによって文明がはじまると、人間の意思がさまざまな事態を引き起こした責任主体として現れてくる。なぜなら、文明は、人間の努力と工夫で人間が生きていくことを絶対的前提にしているからである。すなわち、かつては人間が他の自然生態系に配慮してさまざまな活動をすれば、その結果として、多くの実りが、偶然、人間の手に入る。人間はその偶然を神々に感謝して生きて行くことができたのである。ところが、人間が手を加えることによって生じる実りが人間の主な生活物資となると、人間の努力が実りという結果で現れる、ということが常識となる。言い換えると、実りという結果を得るのは、人間が努力した結果であって、人間は自然の努力からおこぼれをもらうのではない、と考えられるようになった。すなわち、文明社会のなかでは、働かざるもの食うべからず、である。

食べ物ばかりではなく、すべてがそのようになった。文明社会では、意味のあることはすべて人間の意思によって行われるのである。こうして正義が問題化される。「欲望」を人間の「意思」

と読み替えれば、欲望は正義を問題化する、と言うことができる。そしてそれは、言い換えれば、欲望は不正を生じさせやすい、ということである。おそらく、欲望があっても、傲慢にならなければ、不正を生じさせるには至らない。しかし文明は、食料等、人間の意思のままになるものを用意してしまうので、人間を傲慢にする舞台を整えているのである。したがって正義を理解してしっかりと自分をコントロールできなければ、つまり十分節制のある生活ができなければ、人間は文明のなかでたぶんに傲慢になってしまいやすいのである。

　したがっておそらく、この場合も、十分節制のある生活を送ることが正義のためには不可欠と理解して、市場の利益還元を考えなければならない。ところが、市場は期待値によって利益をあげるので、市場の活動は消費者の期待値が高まる道を可能な限り推し進めることになる。ところで、期待値が高まる道とは、欲望がふくらむ道である。すなわち、正義のためには節制が必要であり、他方、市場の活動は放恣を望む。これもまた文明がもつ矛盾である。したがって現実とのギャップが大きすぎることを考えなければならない。市場経済のなかにある文明諸国の人々は、このために、節制のある生活を送ることはきわめて困難になっている。したがって現在市場からあがっている利益はありうべき額をはるかに超えている、と判断しなければならない。しかし、ありうべからざる利益は、どこに還元されるべきなのか。

あってはならない額の利益であるなら、それはおそらく消去しなければならない。だれかの手に渡ることは、それが誰の手であろうと、不正であろうから。

十　利子所得について

しかし、そもそもありうべからざる利益が現代の市場からあがっている理由は、利子所得が認められていることにあると予想される。なぜなら、それは第一に不労所得であり、第二に、この所得は、かつては正式には認められていなかった所得だからである。じっさいイスラム教、アリストテレス、また一時期のキリスト教が、この所得を不当と見なしていた。しかし市場経済は、この所得を正当と見なさなければならない事情をかかえている。なぜなら市場経済はものの私有を権利（正当）として認めることを基盤としているからである。ものの私有が認められなければ、ものの売買によって利益をあげることはできないからである。ところで、ある金銭がだれかのものとされなければ、金銭の貸借は成り立たない。逆に言えば、貸借関係が金銭について成立するのは、金銭についても私有があるからである。しかし、もしも利子所得が認められなければ、金銭の貸借はどのように理解されるだろう。つまり他者が使用しても利子がつかないのならば、その金銭は、実際に使用している人の金銭であると見なすことになるだろう。なぜなら、かれはだれに対しても借りた金銭であることによる負債を背負っていないからである。

たしかに、借りたものならば、期限内に返さなければならない、という義務ばかりは負う。では、金銭については同等の（金銭価値の変動を加味して）返済義務だけで十分であろうか。使用を通じて摩耗する、あるいは、減資する物件に関しては、貸借は、そのことを加味した貸借賃が設定されてしかるべきだろう。しかし、金銭の場合、それはない。金銭は使用によって摩耗することはないからである。ところで、金銭の貸借はその金額だけで斟酌すればその経済価値が完全に把握できるものである。同様なことが土地についても言える。つまり面積だけの斟酌で経済価値を考えることができる（農耕地でないかぎり時間による栄養分の増減は無関係であり、土地はその上部面積のみなら摩耗はないと見なすことができる）かぎりで、金銭の貸借は土地の貸借と同等と見なすことができる。そこで、土地の貸借について貸借賃を設定することが正当かどうか、考えてみる必要があるだろう。

土地というものは、農耕から文明が生まれたことからも推測できるように、実体経済の基盤である。いわば土地から経済が始まる、と言うことができる。逆に言えば、土地から利益があがる、ということがないのならば、文明社会の価値基準がこわれてしまう、とまで言えるのである。しかし土地から利益があがるのは、土地に人為を加えることによって、特定の実りを土地に生み出させることを行うからであって、何もしないなら、土地は利益を生み出すことはない。その場合、土地がもっているものは、可能性だけである。しかし可能性があれば使用価値に対する期待値が生じる。一般に土地に対する課税は、この期待値に基づいている。言うまでもないことであるが、この期待値が市場で交換価値となって土地の取引きが生じている。一方、使用価値のほうは、実際に土地に人為が加わって何かを生み出すことになってはじめて発現するのである。

さて、土地から経済が始まると言うことができるのは、本来的には、そこが農耕地であり、実りを得ることができることを前提としている。ただし近代化を通じて、そこが工業的生産地である場合も、同様に考えることができる。すなわち、そこでの実りは工業製品である。しかし、いずれの場合であれ人為を加えることによって何かが生産され、それによってはじめて利益が生じるのであって、貸すだけなら、土地に人為を加えたことにはならないので、土地からの生産はない。それゆえ土地の貸付けから利益があがると考えるべきではないだろう。つまり土地から生産される食品、あるいは、工業製品、その他の商品を市場で取り引きすることと、土地そのものを取り引きすることは、金銭そのものを取り引きすることと同様に、まったく次元が異なる。

本来、土地は国家権力が領土として確保するものである。貨幣もまた、国家権力が通貨として保証しているものである。いずれも国家権力の後ろ盾なしにはそれらの本質的性格、つまり土地の私有権や通貨の価値交換機能は成り立たない。したがって通貨の取引も、土地の取引も、国家権力の大きな介在があってしかるべきであろう。すなわち、それらの取引には高率の課税がなされてしかるべきであり、その貸付けは他の商品と同様のものと見なすべきではないだろう。すなわち、本来的には、生産物の交換による利益の発生は認められても、土地の貸付けによる利益の発生は、厳しい条件を課すのが本来だろう。すなわち借り主側に土地に基づく利益が特別に発生（商品の生産に関して、その土地による利益が大きい、つまり生産者の特別な工夫によるのではないと認められる場合）することに応じて例外的に行われるべきであるか、あるいは、それもまったく認めず、土地の浪費を禁止する法によって、土地の未使用を犯罪行為と見なし、所有者は、自分が使用しないなら他人に無償で貸し付けなければならないようにすべきである。総じて、土地に関してはこのように私有権を大幅に少なく見積もることが正当な扱いであろう。なぜなら、国家権力の保証なしには、その私有権は成り立たないものだからである。

他方、それゆえ通貨についても、通貨の貸付けによって利益を得ることを禁止すべきであり、通貨は、貯蔵されるなら、むしろ無償で貸し付けられることが義務づけられるべきである。言うまでもなく、国家は土地にしろ通貨にしろ、その貸付先が国家の運営を破滅に導かないように十分指導することができなければならない。現代においては貸付先を選ぶ人材を国家が単独で見いだすことが困難であるほどの通貨のだぶつきがあるために、貸付け、つまり投資先の発掘に関しては、民間の知恵に頼っている。銀行や信用組合のような共済組織である。そして民間の知恵が大いに生かされるように、土地についても通貨についても、取引によって大きな利益が得られるような制度を国家はつくっているのである。しかし、それも限界に来ている。なぜなら文明が限界に来ているからである。

土地の取引に関して私有権の大幅な制限を主張しても、それは国家権力を手にした個人が個人的利益をそこから得てもよいと言っているのではない。そもそも人間の経済活動自身が不当な側面をもつ。それは土地に私有権を認めることからして不当だからである。したがって国家が土地の貸付けや通貨の貸付けを国民に義務づけるとしても、その貸付先を土地の開発に向けるよう指導するとすれば、それも不当である。なぜなら、もともと経済活動からあがる利益は、人類が不当にも土地を耕作し、私有化したことを原資として生じているからである。そして本来商業活動の利益は物品の交換がスムーズになされることを目的としているのだから、そのために直接に役立っていない資金までも、あらたな利益の原資にする（土地の開発に振り向ける）ことは行き過ぎた不当さだと言うべきである。

再度、人間の経済活動を整理してみよう。人間の経済活動は土地を土台として始まる。食品にしろ鉱工業製品にしろ、土地から生ずるものを基礎にしている。土地から採取したものがどの程度加工されて商品となるかは、この場合、とくに問題ではない。いずれにしろ土地から生産されるものが商品となって市場に並べられることを通して、利益が生じる。この利益は、言うまでもなく、市場で消費者に商品が貨幣を用いて売られることによる。ところでこの流れは、ふたつの大きな流れとして理解することができる。ひとつは土地から生産されるものが商品となるまでの流れであり、もうひとつは、商品となったものが市場で消費者に売られ消費されるまでの流れである。前者は生産過程であり、後者は流通と消費の過程である。経済が前者から後者へと流れているとき、経済は実体経済の実質をもっている。すなわち生産における余剰物が取り引きされる経済である。

これに対して社会に出回った貨幣量が増大して、これが投資されるとき、流通と消費の現場から、生産現場への逆の取引が起こる。つまり余剰生産物ではなく、余剰貨幣が取り引きされる経済である。これはまた「生産物による取引」に対して、「購買力による取引」と言うことができる。なぜなら貨幣は購買力をあらわしており、この購買力で、未だ存在しない生産物を土地にあえて生産させることが、この経済行為だからである。歴史的に見て、実体経済のために土地の所有が権力の基盤であった時代が古代から中世の期間であり、その後、近世から近現代に至ると、しだいに投資経済が大きな力を発揮するようになったと見ることができるだろう。それはまた貨幣の所有が権力の基盤に変わってきている、ということでもある。

とは言え、もともと文明は土地に対して人為を加えて特定の植物を生産させることによって始まったものである。したがって余剰貨幣が生じたとき、その購買力によって、これまで以上の生産を土地に対して強制することがあっても、本質的な違いが生じているのではない。ただ、その土地に住む人間がその土地に人為を加えて（投資して）生産を増やすということではなく、貨幣の投資によって遠隔地の人間が雇われて、土地からの収奪が起こる、ということが、実体経済と投資経済の違いなのである。貨幣は、近代に入って遠隔地に容易に運ばれるようになったからである。

この投資経済は、現場から離れた人間が支配するものであるために、現場の多様な自然環境を大胆に無視する活動になりやすい。なぜなら、遠く離れた人間は自然の改変の影響を受けずにいられるからである。言うまでもなくこのような行為が可能になるのは、貨幣がもつすでに述べられた性質による。つまり、運搬が容易であり、劣化を受けずに保存されるという性質である。しかし貨幣がもつこの性質は、生命の循環に対立し、毒になるほかない。なぜなら生命は変化を受け入れ、偶然を受け入れる力であるのに対して、貨幣は変化を受け入れようとしないからである。

したがって使われずに貯蔵されがちな金銭は強制的に消滅させるか、あるいは、人類本来の役目のためにこそ投資されなければならない。つまり人類の誕生が植物の良好な生育条件を管理することであることから言えば、国家は投資の矛先を、土地の開発（これは現代特有の「土地の耕作だ」と言うこともできる。なぜなら、かつては植物の繁茂のために土地を開発（耕作）したが、現代では産業の繁栄のために土地を開発するからである）にではなく、植物の良好な管理にこそ振り向けなければならない。それゆえ国家が国民に貯蔵されがちな通貨をどこかに貸し付けることを義務づけたり、土地の無償貸付けを義務づけたりするにしても、その貸付先はけっして開発工事事務所でも、開発を先導する財団でも、決してあってはならない。それぞれの土地でもっとも良好な植物群落が成立するように人為を加える仕事にのみ、その貸付けが行われるように先導しなければならない。なぜならそれだけが、自然が人類に対して正当な行為と見なしているものだからである。

とは言え、ここで人類の本来の仕事と経済活動との対立がはっきりとする。というのも、すでに明らかなように、ものに値段がつけられるのはそれが市場にもたらされることによってである。

ところが人類に本来的な仕事は、市場に持ち込まれるものではない。なぜなら自分が出合った場所でもっともよく生態系が整うように行われる作業は、その場の特殊性によってはかられるものだからである。たとえを話そう。家庭労働は私的なもので、そのためにそれは市場化されずに来ている。最近になって、それが市場化し、家庭労働を代行する業者が現れているが、本来で言えば、家庭内労働は、その家に居る人間がその家のなかを整えるためにむしろ私情に基づいて行われる作業である。それは愛情であることがふつうである。つまりその家の特殊性を知っているものだけに可能なサービスが行われるものである。そのために一般的規格で市場化されることがなかったのである。

それが市場化したのは、第一に、だれもが一般的に規格された家庭内の状況を理解するようになったからである。すなわち清潔で、日常的必需品が一通りそろうことである。つまり家庭の側の需要が一定化したのである。もうひとつ、そういう市場に参加する企業が生まれたからである。作業が商品として市場を形成するためには、作業を行うことで市場を形成する法人が必要になる。すなわち、ある作業が多くの人から要求されていても、それに応じる作業者側が市場に参加する要件をそろえなければ市場は形成されない。たとえば、道路にごみが散乱していたとき、ある人が無償でごみを片づける、ということができる。そこには市場性がない。ところが、ある会社がごみの片づけの仕事を請け負うと申し出るなら、値踏みが起こって、そこに市場が形成される。すなわち値踏みを引き起こすように作業が取り扱われるとき、その作業が商品としてはじめて市場を形成する。

ところが、このように作業を商品化することは、作業内容を規格に合ったものにしつらえる必要がある。つまり個々の作業が単位によって計算できるように規格化され、一般的な単価が決められる必要がある。しかしその場合、規格はあらかじめ作業に合わせてつくられるので、作業対象の特殊性は見捨てられる。なぜなら作業は作業対象によらなければならないが、規格のほうは作業内容を枠にはめるものだからである。したがって、規格通りの作業では、対象に対して愛情のこもった作業はできないことになる。しかし人類の本来的な仕事は、生態系に対して、その特殊性をくみ取った作業でなければならない。生態系は複雑で繊細である。それぞれの地域で違いがある。自然はそれを理解してもらうために人間に大きな脳を与えたのである。それゆえ、それは市場性とは矛盾するのである。したがって、市場をなくすことによって、はじめて人類は本来の仕事を達成することができると言うべきかも知れない。

とは言え、人類はその良好な自然が生みだした余剰物によってだけ、生命を維持する権利があると言うべきである。そのことに反する行為は、多かれ少なかれ、不当だと見なさなければならない。それゆえこの章での結論は、利子所得は認めるべきではないし、たとえ認められるとしても、市場の利益も、その他の利益も、人類本来の義務に向けて還元されるべきだし、それができないようであるなら、市場をなくしていくほかない、ということである。

第Ⅲ章　文明の中の人間

一　文明のはじまり

さて、市場経済のありようについて見たあとで、市場活動を中心として拡大をつづけている文明の全体について検討しなければならない。それゆえふたたび現代から離れ、文明が生じた時代へと考察の対象を戻そう。

ところでよく知られているように、世界の文明は四大文明に見られるように大きな河口湿地の広がる場所で生まれた。それは農耕が容易な場所であった。文明は農耕によって生まれたのである。農耕が食料の安定供給を可能にし、大きな社会秩序の形成を可能にしたからである。では、農耕は何によって生まれたのか。

自然の中に生まれた人間は、食べ物を自然から得ていたし、それは自然（おもに植物）の余剰物であった。人間は地上を歩いて移動するなかでそれを偶然に見いだすことができるかぎり、他の動物たちと同様に、「いのちの交換」に参与して生きていくことがゆるされていた。そして暴風等によって森のなかに倒木等の災害が起きた場合には、自分たちに余剰物を提供してくれる植物がよく繁茂できるように、環境を整備する仕事を受け持っていたのである。

ところが、あるとき人間はその能力を別の目的に振り向けることを思いつくことができた。すなわち、あるとき人類の一部に、一部の場所に手を加えて特定の植物が繁茂する場所に変える知恵が生じた。それは地球に何度か起こった氷河期のうち最後の氷河期が終わった頃と見られている。したがって農耕の知恵は、厳しい氷河期を何とか生き延びてきた人類が、氷河期の悪夢にさいなまれた結果生まれたものだったのかもしれない。

ところで、人類にこの農耕の知恵が生まれた背景には、人類の心身が他の動物種と比較してみると「未熟性」を特長としていることがあるように思える。

すでに述べたように、前人類（猿人）は水中での食料採取の生活によって二足歩行を始めた。それからその一部が地上にあがり、森の生活のなかで二足歩行して人類となると、この生活は、背骨、内臓、血管などに多くの負担をしいることになった。それは現代のわたしたちにおいても解決していない状態にある。じつに多くの人間が腰を痛め、膝を痛め、血管の病に苦しみ、体の構造的欠陥に悩んでいる。つまりわたしたちの体は地上の生活をつづける上で案外に欠陥だらけなのである。それはわたしたちの体が地上の動物としては進化途上にあって、未熟な状態のままであることを意味している。

同じように、人間の脳は未熟な状態で生まれ、その後の学習によってじつに多様な形成が可能となっている。しかし、それは裏を返せば、人間の脳は未熟な状態であって未完成だ、ということでもある。したがって人間の脳は他の動物種と比べてきわめて不完全な機能しかはたしていないと言うこともできる。ここで「不完全だ」という意味は、他の動物種は自然界のなかでの自分たちの役割をきちんと自覚しているように見える（一般的にかれらの活動は限度をわきまえたものとなっている）が、人間だけは、自分たちの役割についての理解が不足していて、そのために迷い、堕落し、自然を破壊してしまう行動に出ることがある、という意味である。

まさにこの未熟性ゆえに、人類はあるとき、植物のために生きることを見捨てたのかもしれない。植物のために植生管理の作業を労苦を惜しまずに行っていた人類が、その労苦をやめて植物を自分たちのために繁茂させることを思いついたのである。そもそも自然回復の知恵と農耕地造成の知恵はよく似た種類の知恵であった。なぜなら、もともと植物が繁茂する条件を整える知恵は、植物の利益を考えずにはできないことだからである。とは言え、農耕地の造成は、自然回復の知恵とは異なって、ある地域の植物全体の利益ではなく、人間の食料となる特定の植物に限っての利益を考えて行われることであった。しかしある特定の植物を選択的に繁茂させるとなれば、その植物のみに適度な条件を整え、阻害要因についてはたんに排除すればよい。したがって自然回復の知恵は、農耕地の造成にそのまま生かされることになったのである。とはいえ、これはけっして人間精神の進歩を意味するものではない。

植物の管理を人間のために行うことを考え出すことは、そのときに新しく始まったとはいえ、それまでの作業より高度な精神作業を必要とするものではなく、まったく反対に、精神の怠惰によって始まることなのである。なぜなら、本来の自然回復は、自然界に存在するあらゆる生き物を計算に入れながら、その地域の多種多様な植物全体が最良の状態になるように考え、その状態を導き出す予見的理解を前提にするものであるが、農耕は「特定の植物のみ」を繁茂させればよい、という考えをとることになるからである。

つまり人間は各地域の植物全体の利益を考えて行ってきた作業（言うまでもなく、その実りの余剰物は人間の食料となった）を、人間のみの利益を優先させる作業に転換して、怠惰な道を選んだのである。これが文明の始まりであった。このような文明の始まりは、植物がある程度自分たちの思い通りになるし、思い通りにしても何も起こらないことを察知したことを基礎にしている（ただし何も起こらなかったのは、自然の時間感覚からすればほんの短期間のことであった。一万年ほどの時間のうちに人類も絶滅がささやかれていることは、見落とすべきではない）。それまでは人間も、自然の生態系のなかにいる生物種たちと霊的な交流を行っていたので、植物全体の利益を考えない行動は植物側からの思わぬ報復を受けるのではないか、という恐れがあったはずである。ところが、何も起こらないとなれば、恐れる理由がない。特定の植物のために環境を整えるという作業から生まれる利益は、自分たちの独占状態となる。つまりその結果としての実りを「自分たちのもの」として独占してもよい、という考えを人間がもつようになった。この瞬間に文明が始まった、と言うことができる。ひとたびこのような「ずるい」考えが起こると、それは「新しい人間生活の原理」として、人びとの間に広がることになった。

植物の実りを思い通りにすることは、人間が自分の生活を思い通りにすることである。なぜなら食べることは、人間を含めて生き物の生活そのものだからである。それまでは自然がもたらしてくれるのを待つほかに食料は手に入らなかった。ところが、食べることが自分の作業によって自由になるとなれば、誰であれ大きな魅力を感じざるを得なかっただろう。しかしそれは決して小さな変化ではなかった。「食べ物が見つかる」ことを「自然にまかせる」ことと、「自分たちの思い通りにする」こととは、きわめて大きな違いであった。それはまさに新しい生活原理の採用なのである。

じっさい自然にまかせる態度からは傲慢は生まれない。おのれの腹具合も、おのれの生死も、自然にまかせているのなら、自分は他の自然界のものとは違うという意識で傲慢になる理由はまったくないからである。ところが、自分の考えと努力によって、おのれの腹具合も、おのれの生死も、ある程度左右することができそうだ、となれば、人間はその道をたどり、結果として、自分はほかの連中とは違う、という意識が生まれて、傲慢となる。なぜならこの道をたどることは、食糧の供給を自分の意思のもとに置くことになるからである。他のいかなる動物も、そんなことを考えていないのである。

ところで、傲慢はだれであれ、他者を自分の意思のもとに置く（支配する）ことから生じる。その相手が植物であっても、「自分の意思のもとに置く」ことが可能と認められたとき、あるいは、それが正当と判断されたとき、傲慢の種が宿るのである。植物に対して向けられたこの「相手を自分の意思のもとに置く」という同じ考えを、人間に向けることは、意外にも本質的な違いとはならない。なぜなら、自分のために食物となる植物に対して、それをあえて自分の意思のもとに置くことは、それを「自己の所有」と見なすことである。そして自己の所有と見なすことは、それを「他人が受け取ることを排除する」ことである。こうして、特定の植物を自己の所有とすることは、他人に対して、相手を排除する態度を取ることを意味する。したがって特定の植物を自分の意思の下に置いて自己の所有と見なすとき、そのように見なされた植物も、排除の対象となる他人も、自分と同等の権利をもつものとは認められなくなるのである。

それゆえ排除の対象となった人間は、自分がコントロールしてよい相手であると認めることであるから、自分と同等の権利をもつとは認められなくなる。つまり他人に対して「お前には権利がない」という態度をとることが正当化されるのである。このような態度が人間が人間に対してもつ傲慢であることは疑いようもない。したがって、特定の植物を自分たちの食料のために生産する農耕は、所有の正当化を生じたし、それはまた他人に対して不当な態度をとることを人間に教えることになったのである。したがって、「食べ物は偶然に手に入るものだ」という自然の掟を人間が過去のことがらとして葬ったことは、人間がもつ世界観の本質的転換だったのである。

したがって多くの世界宗教が傲慢を人間の悪の根源と見なしていることには十分な理由がある。「自然にまかせる」生活を送ることで悪を見いだすことがなかった人間が、これ以降、さまざまな悪を周囲に見いだすことを余儀なくされるのである。なぜなら、自然にまかせる生活のなかでは、だれかの意思によらずに起きる事態は、それによって誰かがけがをしたり、病気になったり、死ぬことになったとしても、悪ではなく（だれかの責任として責める意味がない）、事故に過ぎないからである。じっさい食べ物が見つかることを自然にまかせることは、自分の生死を自然にまかせることに等しい。それは完全な意味で「いのちの交換」に参与することである。この交換においては、だれかが得をしてだれかが損をする、ということはありえない。なぜなら金銭取引ではないからである。さらに「いのち」は本質的に「もの」のように数えることができないからである。

たとえば、あなたが、自分の「いのち」を不特定のだれかの「いのち」と比較して、同じ一つと数えることに疑問を感じないでいられるか、と考えてみればいい。よく知っている人とか、愛する人とか、あるいは、知らない人間を取り上げても、「こころ」というものは自分の記憶が織りなす世界の全体である。その「こころ」が、他人の「こころ」と同等に「もの」のように数えられるとは、やはり思えないだろう。医者がだれの命も同じだと見なす理由は、「生きる機能」は人間誰であれ基本的に同じだという観念があるからである。たしかに、生きている人間の身体は数えることができる。しかし、わたしたちの「いのち」は「こころ」のはたらきにおいて本質的に発現していると言うべきであろう。身体が人間にとって重要な側面であることはたしかであるし、現実問題として、その身体の取り扱いによって現代では「人間扱い」が判断される。しかしこのように身体の取り扱いにおいて人権問題が表面化するのは、客観的な基準が「こころ」の場合には取りにくいからである。そしてその取りにくさも、「こころ」が「もの」とはかけ離れていることを示すのである。

人間におけるいのちの本質的発現である「こころ」は、その人それぞれの経験に基づく記憶をばねにして時間の制約を超えた多様なはたらきをもつ。したがって、いのちの数を年齢で測ることも十分ではない。それがもつ価値は特定の尺度を当てて測ることが不可能な存在なのである。したがってそれはそもそも数えられない。それゆえに、ある「いのち」が無くなったとしても、それはだれかの財産が減ったことを意味しない。また反対に、ある「いのち」が生まれたとしても、それはだれかの財産が増えたことを意味しない。「いのちの交換」は悲しみと喜びをともなうとしても、いずれの場合も、自分がこの「いのちの交換」の世界に参与することができた感謝しか、本来はありえない世界なのである。

ところが植物であろうと、ひとたび特定の相手を自己の所有と見なすと「いのち」が数えられ、その生死が財産の増減と見なされる世界が出現する。なぜなら「いのち」が「もの」と同様に所有物として財産管理されるからである。したがって文明とは、市場においてばかりか、あらゆる場面で所有権を設定し、「いのち」を「もの化」するはたらきだと言うことができる。じっさい文明誕生後の人間にしても、何らか生きたものを食べ物としていることでは変わらないが、文明人は自分たちの食べるものが、自分たちによって「食べられる側に立っている」ことを知りながら、自分たちは同じ危険を引き受けなくなった。つまり文明人は、自分たちは「つねに食べる側に立つ」ことを選択したのである。このとき人間は「いのちの交換」への対等の参加を見合わせる生活を始めたと見ることができる。これはやはり本質的な変化である。

人間はかつて「いのちの交換」を対等につねに行っている自然のなかで、自らの生死を意味あるものとして受け止めてきた。雨が降り、花が咲き、動物たちが草や葉をむしり、昆虫たちが飛び交うなかで、多くの生き物の死と出合い、また多くの生き物の誕生と成長を目にすることで、「同じいのち」をもつものとして同じ生命の循環に参与することに、深い喜びを感じこそすれ、嫌ったり、ましてや不快を感じたりすることはなかったと思われる。

ところが他者を自分の意思のもとに置き、つねに食べる側に立つという、新しい生活原理を採用することになると、まったく別の世界があらわれることになる。自分が食べられる側に立つことが悪となり、したがって死が悪となり、対等な「いのちの交換」への参与が悪ないし軽蔑すべきこととなる。多すぎる昆虫の発生は森林の変調を意味しているが、少量の昆虫にも不快感を余儀なくされる感受性が生まれてくる。そして、この新たな生活態度を原理とすることは、その新たな価値観が正義であることを疑ってはならない、ということであり、そのことを暗黙の前提にすることになったのである。

それはまた、人間が上に立ち、植物を利用する秩序を人間どうしの間で正当化し、既成のことがらとして受け継いでいく伝統が始まったことを意味する。ところが、人間が上に立ち、植物を利用する秩序を人間どうしの間で正当化すると、人間どうしの間でも上下の秩序が正当化されることになる。なぜなら、かつて「いのちの交換」世界においては、すべての生命が対等であり（なぜなら、どれも物体として数えられないほど深い記憶を互いに尊重していたからである）、どれも同じように、おのれの生死を自然にまかせて、食べたり食べられたりしていたからである。現代の人間は、生態系の最上位にあるものは他者を食べる立場にのみあるから、他の動物とは違うと考える。しかしこれは誤解を含んでいる。というのも、最上位の動物でさえ、自然界に起こる事故は、ちょうどそれ以下のものが捕食者につかまるのと変わらない出来事となるからである。なぜなら、事故に遭ってけがをすれば、何らかの捕食者に襲われることは、どんなに強い動物であっても避けられないからである。つまり生態系において最上位の動物であっても動けなくなれば捕食者に捕らえられて食べられることが運命なのである。したがって生態系において最上位のものであっても、一個体として「食べられる側に立つ」可能性はつねにけっして避けられない。それゆえ、自然界にあっては、どんな動物も植物も、個体の生死に関しては同等に「いのちの交換」に参与しているのである。

ところが、人間はそれを拒絶して、何に対してであれ、他の生命個体に対して「上に立つ」ことを正当化している。死後においても動物に死体を食べられなくするために遺骸を埋葬するなどしている。これもまた平等ないのちの交換から離脱する行為である。しかしこのように他種の生物に対して上に立つことを当然視するなら、同じ種のものどうしでも上下の秩序を正当化することになる。その事情はすでに述べたように、ひとたび植物の所有を認めた所有者は、他人に所有物に関して同等の権利を認めないからである。さらにまた人間は自分たちが始めた農耕の作業を効率化するために、集中して住むことを始めた。ところで食料を得て多数の人間が集まって住むことになれば、ごく自然に、秩序が生まれ、社会が成立することは、人間のエサをもらうサル山のサルの群で実証済みであろう。サルであっても集中してエサがあるという特殊条件がなければ、家族単位の群でエサをさがして動くようになり、その社会秩序は、家族構成を除けば、ほとんど無くなってしまうのである。

それゆえ文明は、人間が他の生物種に対して上に立つことを正当化し、そのために、人間どうしの間でも上下の秩序を生みだし、人間社会を構成することを正当化してきたのである。そしてこれが人間世界のなかの傲慢の種となった。人間は他の動物を家畜化し、また、人間どうしですら、奴隷化してあやしまないようになったのである。現在では動物を放牧して暮らす遊牧生活も、文明の始まりによって生じた生活形態であることが明らかになっている。つまり動物を管理する知恵も、植物を管理する知恵から生じたのである。この事実も、以上のことを裏書きしている。

また文明は戦争を生みだした。なぜなら、穀物の集中生産は生産地の領土化を意味しており、そのため、その領土の奪い合いを生み出すからである。戦争がはじまれば、それに適合した社会組織が防衛上必要となる。ますます上下の秩序は固い結束となり、国家社会の生死は個体の生死と同じものと見なされることになった。しかも社会どうしで領土の奪い合いがあれば、文化的抑制がない状態では、かならず内部でも個人の間で奪い合いが生じる。なぜなら領土の奪い合いで直接に功績のある人物を社会は必要とするようになるが、そのような人物を選び出すということは、その社会の内部で同じような抗争から勝ち残る人物を見きわめることとなるからである。こうして社会の外では戦争が避けられなくなり、内部でも争いが避けられなくなったのである。

二　市場のはじまり

さて、戦争に対する対処として、城壁がつくられ、その内部に人間が集中して住むことになると、城壁内での生活を支えるために、食物その他の生活物資が運び込まれなければならない。なぜなら食物生産はさすがに自然との縁を切ることができないので、自然との縁を切った人間社会には、自然が食物を生産してくれる場所から食物を運ぶほかないからである。こうして農耕地から離れて城壁のなかに住む人間社会に「市場」が生まれたのである。

それゆえ、市場経済は人間がどれだけ明確に自然から離れて集中して住むか、ということによって、さまざまである。一般にアジアの社会は自然との縁の切り方が弱く、それだけ市場経済への依存を強めない社会を形成してきた。じっさい、たとえ大きな国が生まれて、そのなかで物資が輸送されやすくなればそれだけ市場は拡大するとしても、アジアでは食物の生産地は民衆の生活場所と切り離されていなかった。そのために、アジアでは市場の拡大には限界があった。つまりそこでの市場の拡大は、一部の人々、つまり皇帝やその側近などのための食物以外には、ほとんど日用品等の物資に限られていたのである。

他方、西欧では、多くの市民が城壁内に住む暮らしが早くからはじまっていたので、食物を含めた市場が早期に成立した。そして市場の成立によってその発展のための基盤が整えられていったのである。とはいえ、たしかに食物がだめになる限界は克服しがたく、運搬可能な距離や貯蔵可能性については限界があった。しかし近代になって香辛料などが熱帯地方から運び込まれることになると、少しずつ限界が克服されていくようになる。それは運搬に関わる技術の向上があったからである。さらに金銭取引（実質的には金銭の運搬）上の技術革新も、遠方との取引を拡大した。

言うまでもなく、このような技術上の革新は科学の発達による。そして科学の発達は、とりも直さず自然界を「物体」として見ていく世界観と結びついている。じつのところ、科学の発達と、自然界を「物体」として見ていく世界観の広がりと、市場の拡大（経済支配の拡大）という三つの出来事は、西欧文明と東洋世界の本質的な違いを歴史のなかで際だたせてくれる。ヨーロッパにおいてすら、古代においては、金属も地中で生きており、成長している、という信念があった。それが一気に市場が拡大するルネサンスを通じて、非生命的で物質主義的な世界理解が広まったのである。ヨーロッパ近代哲学の父はデカルトである。かれの物心二元論は、人間の霊魂以外は、ことごとく物質として理解することができるという、近代科学の基礎固めをおこなう思想であった。

同時にデカルト哲学は、「われ思う」という自我を哲学の土台にした。それは主観を根拠とする哲学の始まりであった。のちのフッサールの言い方を使えば、「意識に直接与えられている自明性」こそが、「ある」と確信がもてる第一の根拠である、という哲学の始まりである。この種の哲学は「自己意識」の哲学だと言うこともできる。なぜなら、意識に直接与えられているもののうちで、「つね」であり、「だれにでも」という、客観性の規準にもっとも合っているものを探せば、それは疑いようもなく「自己」となるからである。なぜならほかのものは、意識に直接与えられるのは「ときたま」であり、「ある場所で、ある人に」という限定がつくほかないからである。

それゆえデカルト哲学は文明社会が行き着く哲学の様相を明確に示した最初の哲学となった。すでに述べたように、文明が始まると、それまで多くの他種を意識の束として生きていた人類は自己意識を肥大化し、他者については、その存在すら疑わしく思うようになった。なぜなら文明社会のなかでは、人間のみが考察にあたいするのであり、他のものは真剣に受け止めるにあたいしないからである。それゆえ文明が求める哲学は、まずはもっぱら自己を絶対とする哲学であり、他方、他者は可能な限り「物体」として、都合が悪ければ排除してかまわない存在として理解することができる哲学なのである。すなわち、それは自己意識の哲学であり、同時に、対象となる世界をたんなる「物体」として扱い、しかもいつでも消し去ることができるように、対象存在をたんなる「可能性」として見る哲学なのである。

三　「物体化」する食物

ところでデカルトの近代哲学宣言は、西欧による世界の植民地化への動きと軌を一にする。そもそも植民地化は、食物生産、流通を支配する道であった。これは実質的な市場の拡大であり、経済支配の拡大であった。なぜなら食物が地元のものでしかない間は、経済支配も仮のものになるからである。たとえば蒙古軍は当時の世界の大部分を支配したが、食物の生産と流通の支配ではなかったために、仮のものでしかなかった。武力に基づく支配には限界があるのである。他方、生物である人間は食物によって完全に支配される。したがって食物の生産と流通の支配が起これば、それは永続的支配となる。ところで、西欧の市場支配は、食物を「物体化」して、その生産と流通を支配する。それゆえ植民地主義の市場支配は、永続的な世界支配となったのである。

しかし、それはまた科学の発達を抜きにしてはありえない。なぜなら科学技術の発達によって運搬のための技術が発達し、さらに、途中の安全を守るための軍事的技術が科学によって発達すれば、遠くから日常的にものが運び込まれるからである。そしてものが多く運び込まれるほど、市場での「物体の取引」は活発になる。他方、科学思想の発達は、このような市場の活動による文明（都市社会）の発達を抜きにしてはありえない。なぜなら、市場の活動が活発化すると、ますます市場で取り引きされる「物体」の重要性が高まり、「物体」についての研究が重要であることの認識が高まるからである。また、市場での食物の取引も活発化すれば、わたしたちの生の根源となる食べ物までも、ますます「物体化」するからである。

じっさい遠方から運ばれる食べ物は、遠方からのものとなればなるほど、それだけ「生きたもの」ではなく、「死んだもの」となるほかない。なぜなら「生きたもの」は死ねばすぐに腐ってしまうが、死んで、「物体化」したものは、物体として扱うことができるからである。そのためにかつては香辛料が大きな力を発揮したし、現代では、冷凍技術があり、殺菌して腐らないようにするために開発された各種の農薬がある。たとえば現在、極度に発達した都市においては大規模なスーパーマーケットが生活用品のいっさいを扱い、食物は食品として他の物品と一緒にレジで計算される。食品には他の物品と同様に、各種の栄養素ないし産地が解説されている。このような食物の扱いは、それが生き物であることを忘れさせ、機械となった身体を動かすエネルギーの固まり、あるいは、傷ついた身体を修復させる栄養分としてのみ食べ物を見る世界観を育成する。

そして、食物が「物体化」される度合いが高まれば高まるほど、人間がもつ世界観の物質化は避けられない。なぜなら、人間は、「食べて」生きているからである。自分のいのちの源が「物体化」すれば、人間の意識のなかで、自分の身体を含めたすべてが「物体化」することは避けられない。なぜなら、自分を生かしているものが物質に過ぎなければ、人間にとって世界の土台は物質であり、それが実質上世界のすべてであるということになるからである。そして結局、物質的宇宙こそが世界であるという思想が人間世界のなかで絶対的基礎となる。

ところでそのような思想は、西欧で、天体運動の観測から生まれたと見られている。しかし天体運動の観測と市場活動の拡大は、一見、まったく関係がないかのようであるが、それらは協力して世界観を「物体化」することに役だったのである。すなわち、市場のはたらきは理論をもたないので、市場のはたらきを通じて世界を「物体扱い」し始めた人間は、天体運動の研究者の言うことを、自分たちの考えと一致するものとして喜んで受け入れたのである。すなわち天体の運動を神によって説明するのではなく、地上の運動と同じ法則によって天体の運動も説明できる、という哲学者の主張を、自分たちの考えに一致する真理として受け入れたのである。こうして天体の運動を説明する原理が、実質的に全世界を支配する原理と認められるに至った。このようにして文明（物質主義）の思想が完成するのである。つまりこの世界から生命的世界を追い出し、同時に物理的世界から神を追い出したのである。

東洋においては、食物生産の現場は、人間が居住する場所に比較的近く置かれたままだったので、食物は「物体化」せず、生きたままで食べ物であることを基本的に失わなかった。そのため、人間の意識においても、世界は、「物体」の運動ではなく、「いのち」の発現として了解され続けたのである。そのために現代でも、アジア地域では、陰陽説などの生命的原理が素朴に了解されている。このようにアジア、アフリカ地域では、自然との一体感が強い思想が維持されてきた。他方、ヨーロッパでは、国家は小さくとも、城壁をもって暮らし、そのため自然と切り離された生活が日常であり、城壁の外に見える自然界は、むしろ敵がやってくる方向として意識され、そのために自然を敵視すらする見方が一般化していたのである。

食物が生産地から市場に運ばれると、本来生き物であった食物は、なんらか物体化する。言うまでもなく、生き物であれば、死ぬと腐りはじめる。したがってその前に商品として市場に並べられなければならない。そのため、木の実は熟す前にもぎとられ、肉は腐らないように処理されて並べられる。自然のなかで見いだされてその場で食べられる場合には、食物は、直前までは「生きていた」ものであり、腐る前に食べられるので、「物体化」していないが、商品として市場に出されるものは、もともとが生き物であるはずの食物でさえも、市場まで運ばれ、陳列されるまでに、多かれ少なかれ、すべて「物体化」しているのである。言うまでもなく、人間も市場で奴隷として売買されるとき、「物体化」しており、牛などの家畜も、生きたままの取引でさえ、「物体」と見なされて売買される。このように市場での取引きは、「物体」の取引であり、そこでの活動は、たとえ食物であっても本質的に「ものの交換」なのである。

このようにして人間は、かつて自然界のなかで「いのちの交換」をして暮らしていたのであるが、文明化することによって市場での「ものの交換」によって暮らすことになった。このようにして、かつては、食べることはまさに生き生きとした「いのちの交換」への参与であったが、もはや食べることは、半分いのちを失って物体化した食物の摂取となった。そのうえ、人間が食物を手に入れる場所はいのちの交換が行われている場所ではなく、食物以外に多くの生活物資も同様に扱われている「市場」という、「ものの交換」が行われている場所となったのである。

さて、食物を手に入れる場所が「ものの交換」場所となると、人間は自分が生きている世界を、生き物の世界であるとは了解できなくなる。そうではなくて、物質を基本とする世界と考えるようになる。なぜなら、自分が生きていくために必須のものとなる食べ物を手に入れる場所こそ、自分がそれによって生きる世界だからである。古代のギリシア文明が明確にしたのは、まさにこの意識の変更である。生死の変化のなかにある生命ではなく、変化しない物質的なものが、自分たちが生きている世界の基本要素であり、それを基礎として現象世界を説明していく、という意識である。このような世界観は当時の偉大な哲学者たちによってもたらされたと説明されているが、その実、特定の思想家がではなく、文明が人間の思想にもたらした一大変化なのである。この世界観はいずれ自然科学の形成を促し、市場経済とともに近代化を押し進めることになった。

四　思想のはじまり

人間はもともと生命なので、まったく物質的世界に酔いしれていることはできない。そのため、文明がはじまると同時に、精神的な世界が他方で求められてきた。これは生命が求めるバランスである。ものばかりによって生きていくことに、窒息感を覚えるのは通常の生命感覚であろう。したがって世界の歴史のなかで思想的財産を豊かに生んできた時期は、文明が始まったあとであったことも、文明が物質主義であることの反証ではなく、むしろ証拠なのである。つまり思想がかたちをもって形成された理由は、それを必要とする状況があったからであって、人類の精神的発展とか、進歩によるものではない。キリスト教も、仏教も、イスラム教も、儒教も、文明が生みだしてきた。あるいはギリシア世界においては、ものの交換が行われている市場のそばで、哲学的な意見の交換が行われてきたことは、ソクラテスの活動としてよく知られている。じっさいソクラテスによる市場での活発な意見の交換がヨーロッパ哲学の土台となり、科学思想も含めてヨーロッパの思想を創造してきたことはよく知られた事実である。

　このように、人間はいのちの交換の場から離れて、ものの交換を基盤として生きることになった。しかしそこに生じてくる矛盾（内的葛藤）を受けて、自分たちのこころのバランスを思想（意見）の交換によって相殺してきたのである。しかしバランスとして生じ、発展してきたのは、思想ばかりではない。いわゆる文化一般がそうなのである。じっさい、いのちの交換の場から離れることは、離れてしまった人間の目から見ると「楽になった」と思われるが、けっしてそうではないのである。食物が人為でつくられることになると、食物が手に入る喜びや感謝がすっかりなくなる。人為であれば「できて当然」となり、「つくる苦労」のほうが目立つことになる。こうしてつくられたものは、「いのちの交換」を実現するのではなく、つくる側に立った人間の所有物として一方的に消費されるのである。

　ところでまず、自然から食物を手に入れていたときには食物が手に入るのはまさに幸運であり、したがってそれは、自然への、あるいは、神への心からの感謝となるであろう。ところが、食物を他人から受け取るときにはどうなるだろう。自分とその他人との社会的地位のいかんによって、その思いはさまざまとなる。

たとえば相手が奴隷状態なら、自分に食物を差し出すのが当然と見なされるだろう。他方、この生活では、自分が保っている社会的地位を守るために、敵が来れば戦わなければならない。この重荷をかれは背負う。つまり平和時には他者の侮辱が当然（社会的義務でさえある）となり、戦時には殺し合いが当然（社会的義務）となる。侮辱も殺し合いも、言うまでもなく、客観的に見れば「悪」でしかない。しかしそのことが社会的義務となる生活が文明人の生活なのである。これは、はたして精神的に非文明人より「楽な生活」だろうか。

人間は文明人の寿命が延びたことをもって、「楽になった」と納得しようとしているが、これはごまかしである。というのも、寿命が延びたことは、文明社会のなかで非奴隷的立場にいる人びとについてだけ言えることであって、もしすべての人類の寿命を計算するなら、文明後もその前も、おそらく大して変わっていないのである。途上国でどれほど多くの人間が飢餓その他によって死んでいるかを思い起こすべきである。たしかに地下資源の利用によって人類は現在一時的に多くのひとの寿命を延ばしているが、これはまったく一部の一時的な現象に過ぎない。遠からず大きな反動が起こることは火を見るよりも明らかである。したがって寿命の長さを尺度として、文明によって人間の生活が楽になったかどうか論じることはできない。

さて、今度は対等な関係を考えよう。つまり人間どうしで対等な人間から食物を手に入れる場合である。この場合には感謝があるだろうか。礼儀的にはあるだろう。しかしたいていの場合、金銭取引きがあるので、金銭によってまかなわれ、その感謝も帳消しになることがほとんどである。では、畑で生産している人間は食物が得られることについて土地に感謝するだろうか。この場合も儀礼的にはあるだろうが、その人間も奴隷的に土地に労力を加えているので、感謝する気持ちに、自然にはなれないだろう。じっさい生産者は自分の努力や工夫によって食物が生産されたと考えるのがふつうである。それゆえ、ここにも心からの感謝は期待できない。

したがって「自然や神への感謝」は、文化として儀礼的な伝統となるのが文明社会の運命である。つまり、その感謝は、文明以前にはけっして儀礼でも何でもなく、ごく自然なことであった。なぜなら「たまたまその食べ物を受け取ることができたものが、他の誰でもなく、この自分であった」という事実を前にして、あるいはまた、「自分の努力や工夫は、その食べ物を手に入れることについては本質的に何の役にも立っていない」という事実を前にして、神に感謝しないほうが不自然だからである。しかしそれが文明のなかでは、食べ物は偶然手に入るものではなく、「人間の一定の努力」によって手に入れるものであるということが通念となる。そのために、食べ物についての自然や神への感謝は、自然なかたちで残ることはけっしてなく、ただ社会儀礼となってはじめて残ることができるのである。それゆえじつのところ、形式を整えて伝わる文化の発生も、文明の発生と軌を一にしている。

じっさい文明の特長は社会が競争原理において動くようになることだと言うことができる。なぜなら、すでに述べたように、農耕により食物の獲得は自然の恵みではなく、人間の努力と工夫によるものだという観念が常識となるからである。したがって、「食べられない」のは本人の努力と工夫が足りないゆえだという理解が社会の常識となる。しかし、社会が保有しうる耕作地には限界があるので、努力と工夫はかならず内部の競争にさらされる。努力と工夫が競争にさらされることになれば、ますます個々人の努力と工夫は本人の責任として追求される。それゆえ、失敗は本人の責任とされ、他方、成功は本人の努力と工夫がすぐれていることを証明しているとみなされるのである。

しかしゲーム理論によれば、同じ条件の内でゲームが行われて勝敗が争われれば、勝つのは相手の失敗を誘うことに成功したものであって、かならずしも「良い人間」ではない。じっさいゲームのなかでお互いが成功することを、あるいは、お互いが失敗を避けることを、互いに求めて（協力して）行動すれば、勝敗は決してつかない。つねに引き分けに終わるのである。それゆえ競争原理によって社会が運営されることがつづくと、相手の失敗を誘うことに長けた人間がすぐれた人間として「上位を占める」社会が出現し、しかもそこでは、ますます競争が礼賛される。こうして社会は、他人をおもんぱかる人間を敗者として見捨てていくことになりがちとなるのである。

言うまでもなく、現実には今までのところ、さまざまな文化的活動が、社会のなかで排除しがたい競争原理の行き過ぎを抑制してきた。しかし、文明はその本質からして、あるいはその始まりからして、競争社会をつくりだすのであって、互いを真摯におもんぱかる人間をつくりだすことはないシステムである。とはいえ、だれも他者を陥れようとする人間ばかりの社会のなかで生きていきたいとは思わないから、そのようなことにならないように、文明は多くの救いの手を社会の内部につくりだしてきた。一般に福祉政策はそのようなものである。しかし、まずもって文明人は競争ができるだけ公平な条件で行われるように努力してきている。なぜなら、そうでなければ、競争の正当性が保てないからである。というのも、はじめから条件が違っていたら、勝ちは本人の努力と工夫のせいだとは正面切って言えなくなるからである。

ところが競争に参加する人間を公平な条件に整えることは、実際にはほとんど不可能である。なぜなら文明社会はもともと私有権を絶対的に認めていくことを前提にしている社会だからである。農耕から生まれた文明はそのことを抜きにしては成り立たない。しかし私有権が排除されなければ、個々人の公平がありえないのは必然的である。たとえ表向きその競争場面にかぎっては公平な条件を整えたとしても、目に見えない不公平が現前として存在するのである。なぜなら、多くもつものであればあるほど、それだけ多く、競争に有利な条件をあらかじめ整えておくことができるからである。

そしてあらゆる場面で自己主張の強い人間が競争を有利に導いていくことも、文明社会の特長となる。なぜなら、競争が行われるに際しては、その競争を公平なものとするための準備の場面から話し合いが必要であり、競争も多くの場合、議論を中心とすることが多いからである。そして論争の場面では、本人の資質を判定するためには競争に参加してもらうことが必要である。参加することを拒めば、その不参加者も、敗者として一括して考えなければならなくなるのが競争社会だからである。しかし、そうなると、議論好きで大きな声をもつものが他を圧倒することが起きてくる。ことがらの真偽が議論によって明らかにされるより、だれが強そうかということが見分けられるだけで、議論が終わってしまうことがおうおうにして生じる。

とはいえ、この種の矛盾が文明社会のうちにあることは、逆に、徹底的な議論がなされるならば白日の下にさらされる。それはソクラテスが行った議論が社会の上層の人びとを怒らせたことからも推察されるのである。ソクラテスは、正義は力だという論理を立ち往生させるが、かといって正義が何かは、ソクラテス自身、いつまでもわからないままなのである。まさにそのために社会は、儀礼的な（紳士的な）道徳をもつのである。つまり不公平な議論や、その他競争の不公平が理不尽とならないように、礼儀を守る（形式に訴える）というのが、文明社会の教えなのである。文明社会のなかでは、このような礼儀、道徳、教養が、多様な仕方で支持されている。文明人はこのような文化を文明人にしかない教養として誇る（たとえば英語で「文明人」とは、教養があって礼儀を知っている人間のことを意味する）が、事実としては、文明生活のなかでは過度な競争によって人々が道徳に反することになりがちであるからこそ、このような道徳が文明社会のなかだけで声高に支持されるのである。

この文化のうちには、文明のもつ競争原理を観客の立場で礼賛するものから、競争の場から離れて神を礼賛するものまで含まれる。しかし、どれもいっとき個人が競争から離れて儀礼的に精神の公平を実現することを目指している文化現象であることは変わらない。このように、わたしたちが周囲に見いだすことができる文化のほとんどは、自然界に不当な所有権を持ち込んだ文明が、その不当さゆえに生みだした文化であって、文明を抜きにした文化はほとんどないのである。

たしかに文明以前、火を使用するようになった人間は、火打ち石を持ち歩くために、袋を編む文化ぐらいはもったに違いない。また洞窟壁画も文化的ではある。したがって、すべての文化的なものが文明後のことであると断じることはできない。しかしこのような文化は、潮水で芋を洗うようになったサル社会の文化と変わらないものである。あるいは、最近、東京周辺のヒヨドリがある時季にユズリハの葉を食べる、ということを始めたが、それがまだ関西では見られないという。このように、食文化も、文明以前的文化である。それらは採集の時代に「遊び」のごとくあったものである。しかし文明後の人間が文化によって得ているものは、それ以前とは、文化の意味を異にしていると考えられる。今日わたしたちが文化として考えるもののほとんどは、それゆえ、文明にともなう文化なのである。

五　土と祭礼

すでに述べたように、わたしたちは、一応、文明後の文化について論じておきたいと思っている。なぜなら、それは文明というものを理解するために必要なことだからである。文明以前の文化については考察しない。残っているものがおそらく少ないし、何よりも、文明後の人間にはそれを理解する能力がないと思われるからである。

たしかに文化一般を論じるべきなら、文明以前にも、人間は火を使用し、石器を作って使用していた。その使い方、作り方は、文化として数え上げられるべきものだろう。しかしそれは文明が始まったのちの文化とは次元を異にしている。なぜなら道具を作り使用することだけなら、他の動物にも見られることであり、かくべつ文明的なことではないからである。その時代の人間は、他の動物種たちと同様に、一か所に居住することはなかったと思われる。徒歩の移動によって自然の恵みを得ていたと思われる。それはかれらがどれほど多くの文化をもっていたとしても、本質的に、他の動物種と同様、自然と共生する（いのちを交換し、いのちを育み合う）生活をもっていたことを意味している。

文明の誕生を告げるものは農耕の始まりである。あるいは、特定の植物の選択的栽培である。それは小麦や稲ばかりではない。ヒエやアワ、場合によってはクリであることもあった。クリの栽培は一般に農耕とは見なされないが、特定の植物の実りを独占的に利用することが文明の始まりであるとわたしは理解するので、広義の農耕と見なしておきたい（そもそもわたしは、材を得るための現代の植林も一定の植物を人為的に育成しているので、一種の農耕であると見なしている）。いずれにしろ自然にまかせた食料の調達が、一定の土地の私有化とともに人為によるものとなったことが文明への大きな転換点であった。

この時代に起きることの特長は、定住化であり、また土器の作成使用、あるいは、その他もろもろの現代にまでつながる文化の発生であった。広義の祭式を通じて伝承される宗教の観念、あるいは、神の観念が生じたのも、同じ時代であったと考えられる。わたしがこのように文明化をある程度長期にわたる時代としてとらえる理由は、文明化の時代にはさまざまな段階があったと考えられるからである。初期の頃には、いまだ私有の観念は希薄であっただろう。社会秩序もそれほど固定したものではなく、特別のときにのみ、ある人物が先頭に立つ、ということがあった程度であろう。食料の調達もすべてが自分たちの土地から、というのではなく、季節によっては移動による調達も織り込まれていたに違いない。したがって文明の程度は小さな段階から次第に大きく強い段階へと移っていったと考えなければならない。そして文化もそれにともなって変化（進化）したに違いないのである。

土器の文化は文明の始まりを象徴する。なぜなら、それは土を火で加工するからである。大地は人間に実りを提供する土台である。それは一種の生命である。事実、未開社会の伝承において大地を母と見なす民族も多い。あるアメリカ先住民は、鍬で大地を耕すことについて、「母なる大地に刃物を突き刺すこと」になると、やってよいことかどうか疑問を投げかけている。その文化の伝承は、少なくともかつて人間は大地を聖なるものと見なしていたことを伝えている。かつては天地自然のすべてが神であり、神の持ち物である、という観念は一般的であったに違いない。したがって大地の「私有化」は、疑いようもなく、神聖の性格を大地から剥奪することを意味した。そしてこの神聖の否定は、「土の加工」というかたちで表現されたと言えるのである。一部ではあれ、大地が削られて、形をもたされ、火によって固められる。これは、大地が相変わらず神聖であったなら、おそらくできないことである。私有化されて選択的な植物栽培の場所となった大地は、すでに特別の場所だけが神聖であると見なされるようになっていたに違いない。その特別の場所以外は、石器を作ろうとした人間が落ちている石を取り上げるのと同じように、一部を削り取って利用してもかまわないと、人びとは考えるようになっていたのである。

当初、文明を象徴する土器には多くの思いが刻まれた。それは疑いもなく、「人間」の誇示であったに違いない。たとえば日本においては何らかの仕方で人間を印刻し、文明を印刻したのが縄文式土器であった。それは「自然にまかせていた」人間が「己の努力と工夫で生きていく」ことを選んだ時代の始まりを高らかに宣言するものであった。そこには「縄」が刻まれ、「炎」が表現された。縄は何を意味するか。考えられることは、土地の境界を定めるためか、あるいは協力して何かを引く作業を考えて、人々の協力（社会性）を象徴したものかもしれない。一方、炎は、人間だけが利用できるエネルギーの象徴である。それは藪を焼いて畑にする力であり、土を焼いて器を作る力である。また固い繊維をもつ食物を柔らかい食べ物にする力である。あるいは、夜の集会の中心に燃えるものとして、やはり自分たちの集団の社会性を象徴したかもしれない。

さて、文明の始まりは、一方で「人間の誇示」を印刻し、他方で「人間の労苦」を運命づける。土器に刻まれる象徴や図柄は人間の誇示である。人間の行ったことが伝説として言い伝えられた。もともと生態系の一員としての暮らしのなかでは、人間の行いが特別に言い伝えられる意味はなかった。しかし自然界から離れることになると、人間は自分たちを「特別の存在」として意識しなければならなくなった。なぜなら土地の一部に対してであっても、自然のなかで特権的な地位を正当化するためには、人間は特別な存在であることを何とかして証明しなければならないからである。さまざまな説話が生まれ、伝えられた理由は、そのような文明の始まりの意識があったからだ、と考えることができる。それはたとえば日本においては『古事記』であり、ギリシアではギリシア神話や『イーリアス』であり、中東では『旧訳聖書』に伝えられているような事績などである。またその後の文字の発明も人間の行いを永遠に刻むためのものである。また生きている間だけでなく、死んでからも墓がつくられ、個人の力が永遠的に崇拝の対象となった。これらのどれも、文明がもたらした「誇り」を表している。他方、特定の植物の栽培は人間に労苦を強いた。かつては、だれも食べ物を「作ろう」とはしなかった。農耕の発生とは、作らなければ食べていけない状況が生じることである。なぜなら、作る作業を加えることで、多くの食料が安定的に手に入るが、それによって人口が増え、そのために、また作業を増やさなければならなくなるからである。

しかも、自然にまかせ、「拾い集めるだけ」であったものを「作る」となれば、人間は自然に対して「無理強い」する残酷な支配者の役割を演じなければならない。むりやり「食料を産む」ことを、土に求めることが農耕である。ユダヤ・キリスト教の聖典に、人祖アダムが楽園を追われたあと、「労苦して大地を耕す」責めを受け、地上で産んだ子供たちのなかに、さらなる罪が生じて「永遠に土にのろわれる」人間の運命が語られている。それはかつて農耕をはじめた人間たちが、己の作業を、不自然なものであると理解していたことを物語っている。すなわち、たとえその努力を一方で誇ったとしても、農耕は自然に対して正当な作業を加えているのではないことを、かれらは意識せざるを得なかったのである。それは現代で言えば禽舎に詰め込まれたニワトリが、卵を産むだけの状況に置かれて一生を過ごすことを余儀なくさせられているようすを見て、わたしたちが人間の残酷さを思わざるを得ないことに似ている。

かつて自然に反して農耕をはじめたころ、人間は簡単にそれまでの考え方を捨てたわけではなく、自然の恵みに感謝して生きていた時代を記憶していたと思われる。かれらが、ときに起こる災害によって食料生産に甚大な被害を受けたとき、その原因を、こうした人間の強欲によるものと考えたとしても、何ら不思議ではない。そして、その思いは、人間社会に宗教（祭り）の伝統をつくらせたのである。祭りの儀礼は、強欲を拭い、清めること、強欲によって独り占めする食料を神に捧げることを機軸としている。それは「土との和解」あるいは「自然との和解」を求めるものであった。多くの宗教儀礼が大地にひれ伏すのも、大地との和解を求めてのことである。とはいえ祭りの儀礼の様式は、人間社会によってさまざまであり、人間はそれぞれの様式の由来を説明することで、広い意味での宗教説話あるいは教義をつくってきた。

祭りと、それとともにある神の観念、あるいは、教えなどが、一般に初期の社会集団がもつ文化の中心である。そしてその祭りが、このように文明の発生にともなうものであるとすれば、あらゆる文化現象はその社会の文明の様式との関連で考えられるべきだろう。ところで、世界の多くの民族が伝えている祭りはどのようにして生まれたのであろうか。一般的に見て、祭りはそのほとんどが来訪神を迎え、もてなす祭りである。かつて文明が始まった当初、文明人たちは周期的に非文明人の来訪を受けていたに違いない。つまり土にうらまれている人間が、自然と共生している古いタイプの人間に、ときどき出会っていたのである。なぜならかれらは定住せず、恐らく周期的に流浪していたからである。

文明人は非文明人を迎え、福をもたらしてくれる人々と見て、もてなしていたと考えられる。なぜならかれらは土と共生していたからである。ところが、いつか非文明人は滅びてしまい、非文明人を迎えていたその習慣が、その後、祭りとして残ったのではないかと考えられる。たとえば古代ギリシアのディオニュソス神の祭りは、冬の時季（一一月から二月）に繰り返し行われた。これは、冬になって食べ物が自然界で不足しがちになると、非文明人の来訪がかつてしばしばあったからだと考えられる。そして文明社会の人びとはかれらを喜んでもてなしたに違いないのである。

じっさいディオニュソスは来訪する神であったし、祭りに踊り狂う女たちは、シカの毛皮をまとって生肉を食べたと言われる。つまりそれは文明以前の時代を再現する祭りと見られている。すなわちゼウスが支配する当時の現代（紀元前ではあっても都市が築かれた時代）は、肉を焼いて食べる時代であり、労苦する時代であるが、ゼウスの父クロノスが支配する古き良き時代は「黄金時代」と言われ、ぶどう酒も蜂蜜も牛乳も、大地からわき出していたと伝えられている。すなわち、その時代には、人間は食べるために労苦することがなかったと言われているのである。女たちが踊り狂うディオニュソスの祭りはまさにそれを表す祭りなのである。ディオニュソスの祭りを世界の祭りに一般化することは行き過ぎかもしれないが、この祭りは、明らかに文明以前の時代を懐古し、それを神々の時代として受け取っているのである。

さて、このように祭りは文明以前の幸福を懐古するために普遍性をはらんでいるが、文明が農耕を始まりとするならば、農耕は多様な自然条件に即して行われるものなので、初期の文明はその文明が始まった場所の特殊な自然条件との関連で考えられるべきだろう。じっさい農耕による定住化によって、かつての広い地域間の交流は影を潜める。地域間の交流が薄まれば、当然のごとく文化の多様性が加速する。かつては同じ言語をもっていた人々が次第に異なる言語をもつようになったのは、各地に人々が定住化することによってであることは疑いようもないことだろう。そして、たとえば日本列島のなかでの交流の広がりが次第にせまくなり、特別のこと以外は徒歩数日以内の文化圏をもつことになっていくのも、定住化によって人間社会が自然条件による多様性を受け取り、そのために文化も多様化することになったからである。そして言うまでもなく、広くは東アジアモンスーン地域と地中海地域の自然条件の違いは、文明とそれにともなう文化を大きく異なるものにした。

とはいえ、わたしはここで世界の文明や文化について包括的に論じる力も余裕もない。わたしが行わなければならないのは、西洋文明がどのようにして現代のような時代をつくったのか、その本質的要因を明らかにすることである。なぜなら西洋文明こそ、文明がもつ力、すなわち、他者を排除して土地と土地の生産物を独占する力を最大限にしたものだと思われるからである。さて、西洋の文明を特長づけるものが明確な歴史として刻まれているのは、古代のギリシアであろう。したがってわたしは、そこに考察対象をしぼっていきたいと思う。

さて、古代ギリシアの都市アテネは、城壁を築いていた。城壁の外に農耕地が広がり、その外は、通商路以外は自然にまかされていた。文明の始まりが農耕にありながら、古代ギリシアではそれが城壁の外に置かれた理由はいくつかある。

まず城壁は、敵の襲来から人間が身を守ることを第一に考えてつくられていたからである。たしかに人間にとって食料は生命線であったから、その食料の生産地を敵に蹂躙されることは大きな痛手には違いない。しかし敵も、季節がくれば農作業があるので、自分の居住地に帰らなければならない事情があった。そのためこの問題は、城壁を築く場所を決めるうえで絶対的な条件にはならなかった。第二に、城壁は影をつくるので、畑を城壁で囲うことは畑を日陰に入れて作物の成長をだめにすることになりかねない。第三に、敵の蹂躙を受けるとしても、城壁は農耕地を守ろうとする兵隊を内にもつことでもあるので、十分に敵に対抗することができる。ましてや、もっとも近くで暮らすものが農耕地を守り、農耕を行うことができるので、城壁の内側を落とすことができないかぎり、農耕地も敵の手に渡ったとは言えなかった。

このような理由から、都市は農耕地を城壁の外に置いた。しかしこのことは、西洋文明と文化に関して別の側面を明るみに出した。というのも、農耕地がこのように狭い意味での都市と自然との中間に置かれたことは、文化のゆりかごとなる場所が文明と自然の中間地点にあることを表すことになったからである。文明は農耕によって始まったが、西洋文明はさらに城壁を築くことで「人間中心主義」を明瞭にしたのである。すでに述べたように、農耕は土に人為を加えることであり、土の恨みを買うことであった。土の恨みを買った人間は宗教をもつことになったが、城壁で住みかを囲む時点で、さらに人間中心主義を一歩進めたのが西洋文明の特長である。東洋では、文明の地は、多くは農耕地との間を城壁で隔てられることはなく、せいぜい、堀池で隔てられるだけであった。

西洋では、土の恨みを買った人間は城壁の中に集団的に居住し、農耕地をさらにその外に広がる自然ともども「外に」置いていた。農耕地より遠くの自然は、敵が来襲してくる場所であり、その敵は、農耕地までやってくることで、城壁の外は、農耕地を含めて敵視される可能性まで秘めることになった。要するに農耕地は、敵が来襲してきたときには戦場となる場所でもあった。それゆえ、土の恨みを買った人間は宗教をもったが、西洋においては、同時に農耕地に代表される土は、「敵との戦い」のうちに組み込まれることになった。つまり自分たちが敵を支配するか、敵によって自分たちが支配されるかが、戦争であったように、土に代表される自然もまた、人間が支配するか、支配されるかの相手、と見なされることになったのである。もっとも、農耕は土を支配する行為であるとも言える。このことから言えば、農耕と戦争は、まったく異なる行為に見えて、その実、相手をねじ伏せ、支配する、という意味で、両者は共通の行為である。

他方、すでに述べたように、農耕は文明人がもつ宗教の由来となる。農耕によって文明が生まれ、農耕によって人間は土の恨みを買い、和解のための宗教儀礼を生みだしたのである。しかし、文明が大きな段階になると、それが生み出す宗教にも別の性格が現れる。それは日本で縄文式土器が文明をはじめた人間の誇りを表していたことに通じるものである。すなわち、神を人間の姿で表す宗教の発生である。言い換えると、人間は神と似たもの、という観念が宗教において認められるようになる。これは、大国の王が、自らの支配権を神に由来するものとして説明することと深いつながりがある。じっさいキリスト教には、人間は神の姿をかたどって創られた、という伝承があるが、この伝承は、もともと王が自分を神として民衆にあがめさせたことに由来している。古代ギリシアでも神々は人間の姿で表されている。つまり、すでに神は王様だけに似ているのではなく、広く市民に似ているものとなっていたのである。

ところで、王様であれ、市民であれ、文明社会の支配権をもつものが神に似たものである、と言うことは、文明社会の支配権をもつものは、社会を支配するだけでなく、幾分かは自然世界をも支配する権利をもつことを主張している。なぜなら、神とは自然界を支配するものだからである。したがって、文明社会の神が人間に似たものとなったということは、人間が自然世界を支配する権利をもつと表明する宗教が誕生したことを意味している。この宗教の性格は、自然との和解を求めるものではない。人間が自然をねじ伏せることが正義であると見なす宗教である。

したがって農耕地が西洋において戦いの地と見なされると、宗教のなかに、矛盾した観念が持ち込まれることになった。なぜなら宗教は一方で、土との和解、自然との和解を本来的性格としてもっている。それは普遍的に平和を求める性格をつくる。しかし他方で、人間の姿で神をあらわす宗教は、自然を支配する権利が自分たちにあることを人々に納得させる宗教であった。したがって、「土」を代表する農耕地が戦争とむすびつくとなれば、その土を守る宗教は、戦争における「守護神」の性格を担う。日本においても、仏教も神道も、時代によって国家権力の守護神の役割を演じてきた。言うまでもなく、だからといって宗教が戦争の勝敗のみを守備範囲とする、ということではない。とにかく文明の発生が農耕であり、宗教の発生はそこに淵源するのだから、宗教の基層にあるのは、平和を求めるものであることは間違いないからである。西洋の文明、とりわけ古代ギリシアの文明においても、神々は戦ったり、戦う人を援助するが、正義における決着を求め、最後には平和をもたらすものであった。

それゆえ古代のギリシアにおいても、祭礼の時季には多くの都市が戦闘に参加しなかったし、戦争を断念するのがふつうだった。そして多くの供物が捧げられた。古代ギリシアの文明は、これまで見てきたように、その中心部分を城壁で囲み、そこに市民が集団的に居住するかたちをとることで人間中心主義を鮮明にしていたが、それでも城壁内部の中心に近いところに神殿がつくられた。それは外に追いやった農耕地にある土の恨みを和らげる宗教を都市中心部に抱え込むことによって、バランスをとったと同時に、都市の守護神として、やはり宗教が文明の中心であることを認めるものでもあった。

しかしながら、ギリシアにおいて都市の真の中心は、市民であり、その市民が集まる矩形の公共広場「アゴラ」であった。アゴラのまわりには、人手を当て込んで市場が形成された。市場は、政治的、文化的を含め、情報の交流と物流の中心となっていた。それらを担うものは、もはや自然ではなく、純粋に人間であった。それはまた、西洋文明の中心が人間であることを端的にあらわしている。つまり都市とその中心であるアゴラで行われたことは、人間による情報の交流であり、人間による物流であった。

それゆえ文明を意味するシヴィリゼイションは、都市市民の精神性、市民的教養を意味するが、外形的には、市民が居住する都市空間であり、物流システムであり、情報の交流を意味するのである。つまり西洋文明が一般的に言って人間中心主義であることは、たとえ宗教施設を中心近くに持ち込んだとしても、少しも緩和されたわけではない。ただ、一年のうち特定の期間だけは、文明と自然との和解を目指した祭礼が都市の中心になる、ということが認められるのみである。そしてよく知られているように、古代ギリシアが誇る悲劇作品は、この祭礼期間に都市内部で催された演劇祭の結晶である。このことは、芸術が宗教と結びついた文化のうちに数え上げられるべきものであって、文明（都市社会）そのものが直接に芸術を担うのではないことを意味している。つまり、文化は、文明が自然との和解を目指して形成したものである、ということが基層にあるものであって、演劇もまた、その文化活動の一環なのだ、ということである。

このように、農耕地が城壁に囲まれた都市空間と自然との中間にあるという位置は、文化が、文明と自然との間をつなぐものである、あるいは、それらの和解を目指すものである、ということを象徴する。「農耕」を意味する「アグリ」（土地の）・「カルチャー」（耕作）は、文化（カルチャー）と類語であることにも、そのあたりの事情が表されている。つまり文化は文明にともなうもの、という意味では、文明がつくりだしたものであるが、文明を土台としたものではなく、あるいは、核としたものではなく、敵対しかねない自然との和解の場であり、自然との接点として発達するものである。それゆえ文化現象は、人間を歌い上げながら、あくまでも神ないし自然に許容される美点を人間に求めるのである。あるいは、悲劇を通じて人間の傲慢をいさめるのである。

六　郊外地という文化の場

それゆえ文化的現象は、その表現の場としては都市空間内であるとしても、その固有の場所を都市の外にもっており、都市のうちには、一年のうちでも祭礼の期間という特別の期間に持ち込まれるものであった。つまり表現の場が都市空間内であったことは、文化の発生の場が都市空間内であったことを意味するものではない。なぜなら、作品を人間に見せるために人間が集住する都市内部で祭礼が催され、文明が自然との和解を中心（衷心でもある）から示すために、都市の内部に置かれた神殿や神域で祭礼や演劇祭が催されたのであって、その文化作品が都市から生まれたことを、都市内で催される祭礼が示しているのではないからである。文化作品は、初期においては多くの場合、一面において人間の誇示でありながら、他面において自然の精霊に訴える呪術的要素をもつものであった。それはまさに、人間が土にはたらきかけ、土から実りを得ることに成功したことの誇示であると同時に、土を使役した人間が自然との和解を求める不安や怖れの表現なのである。土を耕すこと（文化）は、おのれの努力で運命を切り開く人間の誇りであり、喜びであると同時に、土の恨みを買っていることから予感されるつらい運命を、思わずにはいられない人間の悲しみを、じつは抱え込んでいるものなのである。

それゆえに文化が正当に位置づけられるとすれば、それは都市内部ではなく、つまり文明の内部ではなく、自然との境界にある郊外（農耕地）なのである。都市文明が農耕から生まれ、それにともなうように、文化もまた郊外の農耕地から生まれたのである。じっさい神々の聖域が古代ギリシアにおいて郊外にもあったことは、そこが自然と文明の中間地点であることからであろう。とはいえ、その表現の場は都市内部にあった。なぜなら人間は人工物である都市内部にあって自然を思い起こすために文化芸術を必要としたからである。自然の中でも人間の生活に文化はあっても、その表現である芸術作品は自然の中に生活するものには必要性が薄かった。なぜなら芸術を生み出す源である自然の息吹がまわりに満ちていたからである。都市内部に生活するものはその源に接することができなくなっていたために、芸術表現によって自然の息吹を思い起こす必要があったのである。それゆえ、彫刻や絵画は、森林や海そのものが背景にあるところでは、意味を失うのである。したがってそれらは、今日でももっぱら家屋の中や、人工物ないし、せいぜい人工的に管理された緑地のなかに置かれる。都市国家アテネの神々も、都市の内部に神殿を与えられたり、街角にまつられていたり、特別の待遇をうけていた。それらは、勇ましい軍神であり、策略をもつ知恵の神であり、また人々の経済活動を援助してくれる商売の神であった。都市国家アテネでは、パルテノン神殿の内部にまつられていたのは一二神のすべてであったが、それでも都市国家の内部に住むと考えられていたのは、まずは守護神アテネ神であり、この神は、軍神であり、知恵の神であった。また、街角や家の前にまつられていたのは、おもに商売の神ヘルメスであった。他方、郊外の聖域に住まうと見られた神々は、自然から生まれながら文明と和解した神々であったと思われる。この種の神々こそ、精霊を通じて人間に文化的創造を約束してくれた神々なのである。

のちに人類の文明を運命づけたとも言えるプラトンの大学「アカデメイア」がつくられたのも、そのような聖域（英雄神アカデモスのための聖域）のひとつであった。プラトンに大きな影響を与えたソクラテスは、アゴラなど、人々が集まるところでいつも話したが、プラトンは郊外に学問研究の場所を設置したのである。しかしソクラテスも、都市のうちに暮らしながら、いつも裸足でいたことが知られていたし（ふつうの文明人はサンダルをはいていた）、ときどき他人には聞こえない神霊の声を聞いたと伝えられているのであるから、文明社会の人間としては異様であった。むしろかれは自然の洞窟にでも住んでいたほうが似合いの人であったらしい。その意味では、ソクラテスは都会の人間に話しかけていたが、その精神は自然界と深いつながりをもっていたと見ることができる。

プラトンの大学アカデメイアは、数学的研究で知られたピュタゴラスの学園にならったものであると想像される。というのも、有名な話として伝えられているところでは、その門には、幾何学を学ばない者はこの門を入るべからずと書かれていた、と言われているからである。他方、ピュタゴラスの学園は、その伝えられている教えの内容から、かなり宗教的なものと見られる。おそらく、プラトンの学園も似たような性格であったと思われる。現代でも世俗を超越している学術界の雰囲気を語るとき、「アカデミック」ということばが使われる。しかしその意味は、プラトンの学園がもっていた宗教的な（神聖な）雰囲気から生じたものであろう。

言うまでもなくプラトンののちはアリストテレスが学問を発展継承したが、基本的にアカデメイアの伝統が古代を通じて存続したと見なしてよいと思われる。アカデメイアは紀元後六世紀まででつづいた。つぎの七世紀には、ムハンマドによるイスラム教が生じ、西洋世界は新しい時代を迎えることになる。つまり古代の伝統がいったん途絶えたかのような状態があり、八世紀にはキリスト教の修道院を通じて、学問的伝統が細々と西洋に復活し、その後一二世紀に至るまで、学問の伝統は修道院の付属学校を基盤として伝えられ、発展していくのである。この八世紀以後の西洋における学問の伝統は、キリスト教精神という基盤の違いによって、古代とは明らかな違いを見せる「中世」であったが、学問という文化が都市空間の内部ではなく、その外部に置かれた点については、古代と同じであった。また学問の中心が修道院の内部であったことは、やはりアカデメイアが宗教的雰囲気をもったものであったことと共通する。このように芸術学問は、宗教と同様に、都市内部のものではなく、むしろ自然と都市の中間に位置して、自然との和解を象徴するのである。

ところが一二世紀の後半から大学がパリなどの都市内部に生まれてきた。これは、まったくあたらしい学問の始まりを告げることであった。たしかに古代においても都市内部に神殿が築かれたが、それは軍事的意味と経済活動の意味がもっぱらであった。キリスト教会が都市の内部、またその中心に築かれたことは、それと同じ意味がある（キリスト教が担った文明の守護神の役割）。とはいえ、おそらく、また異なる側面ももっていた。それは、キリスト教の文明性（自然との和解を目指すよりも文明そのものに偏った宗教であろうとしたキリスト教）によると思われる。キリスト教の母胎となった旧約時代のユダヤ教は、預言者を通じた神との対話において自然との和解を主題から切り離していないし、洗礼者ヨハネによる洗礼も、やはり郊外の地に流れていたヨルダン川の川岸であったことから見て、キリスト教もその起源においては、やはり自然との和解を主題としてもっていたと見られる。しかし他方で、エルサレムに乗り込んだイエスの行動を通してキリスト教は都市内部での活動を主要な使命と見なしてきたし、キリスト教会への入門式とも言える「洗礼」も、早い内から郊外の川で行うことに限定しなくなった。そして中世を通じてキリスト教は十字軍に象徴されるように、また大航海時代に現れたように、ヨーロッパ文明の守護神の役割を演じることになったのである。

七　商業行為と宗教

とはいえ、キリスト教は国家権力に一定の力を及ぼすことができたが、それはまだ当時の国家が十分な権力基盤を整えていなかったことによるのであって、キリスト教が国家権力を左右する力を本質的にもっていたからではない。じっさいキリスト教はイスラム教ほどには国家権力に規律をもたらすことに成功しなかった。その理由は、キリスト教が市場における経済活動には積極的に関わらなかったことが挙げられる。ところが、国家権力の基盤は倫理や道徳、ましてや宗教にあるのではなく、土地に根ざした経済（不正に所有された土地からの物品の取引）にある。イエスの教えには経済活動についての教えがなく、むしろキリスト教は金銭にこだわることを悪と見なしていた。イエスの教えのなかにも「カエサルのものはカエサルに、神のものは神に返せ」とある。これは、銀貨はカエサルがつくったものであるから、カエサルに返せばいい、というものであり、キリスト教は経済活動に背を向ける教えなのである。中世を通じてキリスト教は権威によって国家を指導しようとしたが、国家が権威に頼るのは、一時的であって、西洋の国家は本質的に経済力に基づいて軍事力をもち、自由な意見交換に基づいて政治を行うものであった。

たしかにキリスト教は中世においては、大学という自由な意見交換の場に神学者たちを送り込み、その方面からは国家を指導したが、経済活動に積極的に関わることはタブーでありつづけた。しかし国家権力を実質的に支えるものは経済活動である。それゆえキリスト教会は経済にかかわって国家の基盤にキリスト教的規律をもたらすことができなかったのである。近代に入ってからはプロテスタントがその役割をある程度もったが、けっして十分とは言えなかったし、中世ではまだプロテスタントの力は小さなものだった。そのために、キリスト教会が国家権力を指導することには自ずから限界があったのである。ルネサンスを経て、国家がキリスト教会の権威から離れ、近代国家の時代をヨーロッパが迎えることになるのは、その意味で必然だった。

他方、中世に甚大な影響をもったイスラム教は、明らかに都市文明を基盤とした宗教であった。じっさいイスラム教は商人であったムハンマドが起こした宗教だけあって、商業活動を含めた人間生活全般に宗教的枠をはめるという特長をもつ宗教であった。あるいは部族間の争いを収束させた力から見て、権力に宗教的な枠をはめた宗教とも言えるだろう。よく知られているように、イスラム教徒は日に五回の祈りを義務づけられている。一人一人の暮らしの都合で祈りがあるのではなく、祈りの時刻が決められているのである。このように一日のうちで祈祷のスケジュールが決められているのは、キリスト教世界では、修道院のなかで行われていることであった。たとえばアラブの女性がヘジャブと呼ばれるベールで顔を隠すのは、キリスト教の尼僧が頭を隠す衣装をもつことと類似している。この事実が何を意味しているか考えてみると、答えは一つである。すなわちイスラム教とは、修道院制度を一般日常化した宗教だと言うことができる。

つまり中世の特長の一つに考えて良いのではないかと思われる精神史的特長があるとすれば、世界宗教が各地域で修道生活を通じて一般民衆へ広く流布された、ということだと言える。その証拠の一つがイスラムの教典「コーラン」と、キリスト教の修道院規則の嚆矢とも言える「聖べネディクトの会則」の間に見られる類似性である。いずれもある種の禁欲を信仰のあかしとして生活のなかに求める規則をもっている。日本における仏教の展開も同じような傾向を示している。たとえば、中世期に道元は座禅行という修道を一般に広めたし、親鸞は一般民衆に念仏行を広めた。

こうしたことから見ても、中世は、宗教を一般民衆に広めるために、それまでは一部の人しか行わなかった宗教修行を、簡易なものにして、一般化することが行われた時代だと言うことができる。こうしたことから言って、キリスト教や仏教が中世以前に生まれて、中世において修道生活を一般民衆に広めたものであるのに対して、イスラム教は、はじめから、修道の規律を日常生活にもたらした宗教であると言えるのである。それはいわば形から入る宗教であり、心はその形を通じてつくられていくと期待された。そもそも仏教もキリスト教も、教義から入るためにある程度の知的レベルが求められていた。これに対してイスラム教は、信仰生活の形を示すという手段を取ることによって、「わかりやすい宗教」であることができたし、同時に、生活の全般を支配することができたために、イスラム国家をつくる力をもっていたのである。

西洋の国家がもつ権力は、市場における経済活動と、アゴラにおける市民の自由な意見交換の、二つの柱に基づくものであった。キリスト教はこの二つの柱のいずれについても、支配的であることができなかった。キリスト教が支配することができたのは、民衆がもつ神に向かう精神だけである。他方、アラブにおいては、権力は単純に経済活動に基づいた軍事力だった。したがってその経済活動に宗教的規律をもたらせば、国家権力もその規律に従わなければならなかった。イスラム教は経済活動に積極的にかかわり、それに枠をはめる宗教であった。それゆえイスラム教を奉じた権力は自分もその規律に従わなければ己の基盤である市場経済を失うことになるのだから、従うほかなかったのである。このようにしてイスラム教は、キリスト教会が果たせなかった夢、すなわち、国家権力を神の下に置くことに成功したのである。

これはちょうど東洋文明が食料生産を支配する力をもたないために世界支配を永続化することができなかったのに対して、西洋文明は食料生産を支配する市場経済をもっていたので、植民地時代ののちにも、世界を支配する力を失わずにむしろ加速していることと対照的である。つまり宗教の点では、西洋生まれのキリスト教は経済活動に関わらないし、日曜礼拝くらいしか日常生活の規律を基本にすることができないために、キリスト教国家をつくることはできないが、アラブに生まれたイスラム教は、それをもっているために、いまだにイスラム国家の誕生が可能なのである。

さて、このイスラム文化圏に古代ギリシアの学問が伝わったとき、特異な事態が起こった。すでに述べたように、イスラム教以前には、宗教は商業活動に関わるものではなかった。なぜなら商業活動は文明に基づく（文明が生みだした所有の観念なしには、ものの取引きはありえない）ものであるから、文明と自然との間に生まれ、しかも文明の罪を償うはたらきをする宗教は、むしろ商業活動に見られる人間の非自然化（金銭にしばられて生きること）に対して、自然との和解を人間に促すことを目指すものだった。それはイエスの「カエサルのものはカエサルに」ということばによって象徴される。つまり宗教は商業活動に対して背を向け、神や自然を思うことを人間に義務づけるものだったのである。

ところが、イスラム教は商業活動においてすら人間は神に従うことができることを示した。これはまさに宗教と商業の革命的結びつきであった。言うまでもなく、イスラム教も日々の祈りを日常生活の規律としてきびしく要求する。しかしその祈りは、金銭をすべて捨てるとか、商売をする生活を蔑視することを意味していなかった。ただ、金銭の一部の喜捨を求め、経済活動を含む生活全般を、神にゆるされる範囲にとどめることを要求しているだけであった。それゆえ、ムハンマドによってはじめて人類は経済活動に否定的でない宗教を得たのである。

ところで、すでに述べたように、古代ギリシアの伝統では、学問はむしろ宗教的なものであった。俗世間的な商業活動には背を向けて生きる変わり者が学問をになった。そして今しがた述べたように、宗教は一般に経済活動に対して背を向け、あらためて神に向き直ることを要請するものであった。キリスト教でも、仏教でも、その性格は同じである。それゆえ宗教と学問はどちらも、経済活動に対してはむしろ背を向ける傾向をもっていた。まさにその意味で、学問は「アカデミック」なものだったのである。プラトンのアカデメイアでは、授業料を取ることがなかったと言われる。しいて言えば当時アカデメイアで学問を学ぶものは、修行僧のようなものであった。修行僧から料金を取ることはありえない。それゆえプラトンが授業料を取らなかったのは当然なのである。

ところが、宗教が商業と結びつくイスラム世界に入れば、学問もまた何ら抵抗なく商業と結びつくことは避けられない。アラブではまさに科学が商業活動と結びついたのである。それを示すのがアラブの時代となって盛んになった「錬金術」であった。錬金術とは、金を人工的に作り出そうとするたゆまぬ学問研究であった。近代になって、金を人工的に作り出すことは不可能であることが原理的に明らかになって、錬金術は荒唐無稽で、非科学的であるという説明がなされる。しかし、このようなイスラム蔑視ともとれる説明は、「実験」を重視する科学についての認識不足からきている。現代でも多くの新発見が実験の「失敗」から生じる。したがって金の化学的合成が失敗し、その誤りが明白になったからといって、それが科学的でなかったという理屈にはならない。理論武装で自然に立ち向かっても、人間の理論が自然から見れば幼稚な段階がつづくかぎり、失敗という予想もしない出来事から本当の自然が思いがけず見えてくるという事件は、これからもつづくのである。したがって中世アラブの錬金術を現代人が笑うことはできない。

そもそも近代科学は、「実験科学」であると言われる。それは科学がヨーロッパでは、古代中世を通じて、「理論科学」でしかなかったからである。じっさい古代ギリシアに生まれた科学は、もともとは純粋に理論（説明）であった。それを現実の世界の経験に適合したものにしたのが実験科学である。しかし近代に実験・経験科学が成立した背景には、古代以来の歴史にいくつかの段階があったのである。

その第一段階をつくったのが、アリストテレス以後に生まれたストア哲学による理論だった。ストア哲学は「個々の普遍概念」に基づく推論ではなく、「個々の現象」に基づく推論を見いだしていた。経験科学というものは個々の概念を問題にしているのではなく、個々の現象を問題にして、現象と現象の間に必然的法則を見いだすものである。すなわち、ある現象のあとに別の現象が引き続いて起こることが現実世界の出来事であるが、その現象と現象の間に法則を発見するのが近代科学なのである。たとえば、石ころが落とされて、それが一定時間のうちにある距離を進むことは、一つの現象であり、その次の一定時間にまたある距離を進むことは、それに引き続く別の現象である。そしてこれらの現象の間に自由落下の法則が見いだされる。けっして「石ころの概念」と「落下の概念」から自由落下の法則が導き出されるのではないのである。したがって、ストア哲学の科学理論は経験科学を実現するための大きな一歩だった。

第二段階がアラブの錬金術である。実験は、たとえばフラスコ容器などのなかに材料を閉じこめて行う。それによって一定の条件のもとで、さまざまな現象が扱われる。こうして近代的実験の条件がはじめて整うのである。なぜなら自然のなかでの観察では、条件がさまざまであって、どの条件によって結果が生じたか特定することができないからである。実験ができるようになれば、条件を人為的に変えることで結果の変化を見ることができる。そのようなことが行われたのがアラブでの錬金術の研究であった。じっさいアラブで多くの実験的研究が行われ、のちにその研究が醸造技術に応用されてウィスキーなどをヨーロッパにもたらし、さらに化学研究の成果を数々生みだした。アルカリ、アルコール、その他、アラブで生まれた化学用語はわたしたちもよく知るところである。

また、アルジェブラと言えば「代数」である。アラブで九世紀頃にはインドとの交流を通じて現在わたしたちが使っている数字が誕生した。それによってアラブでは代数学が発達したことが知られている。これに対して古代ギリシアで発達した幾何学のほうはとくに発達することがなかったらしい。幾何学が抽象的な思弁におおわれていたからだと思われる。すなわち、商業に使われる計算についてはその実用性によってアラブで大いに研究され、ユークリッド幾何学のほうは現実的可能性が少なかったためにアラブでは研究が進まなかったのだと考えられる。じっさい、工学的実用性がある三角関数は、アラブで誕生している。アラビア科学は、このようにきわめて経験的な科学なのである。

ところで、商売の記録に使う「数字」も、通貨にもっぱら用いられる「金」も、言うまでもなく、経済活動の要である。したがって代数や三角関数や錬金術に代表されるアラビア科学の発達は、アラブにおいて、「科学が経済と結びついた」ことを示す歴史上の重大事件なのである。それはまさに科学が現実の日常と結びついたことを意味する。かつて科学は、ヨーロッパにおいては、決して経済的日常活動と結びつこうとしなかった。それは、科学が意外なことに現実とは距離を置き続けていたことを意味する。ところが、実用性を重んじるアラブの人たちの手で、イスラムの世界ではじめて結びつくことになった。このことが中世の間にヨーロッパにも伝えられて、ヨーロッパに近代が生まれたのである。なぜなら近代の特長の一つは、よく知られているように、ヨーロッパにおける科学と産業の結びつきだからである。

ヨーロッパにおいて学問は、一二世紀までは一般的に、修道院付属学校に閉じこめられていた。

しかし一二世紀頃から都市内部で大学の活動が生じてくる。それは学問が宗教施設のなかに置かれていた状態から市場を中心としてもつ都市内部に拠点を移したことを意味する。これ以降、科学がヨーロッパにおいても、経済活動と結びつく可能性が生まれたのである。ただしヨーロッパにおいては、都市内部の大学でも、キリスト教会が中世を通じて目を光らせていたので、イスラムにおけるように、科学と経済の結びつきは、すぐには実現しなかった。しかし地中海を通じてイスラムと接触していたイタリアの商人たちは、科学の工夫を商売に取り入れることにより熱心であったと思われる。ルネサンスがその地で始まったことも、そのことを示すものだろう。目に見えない金銭の動きまで視野に入れた複式簿記の発明は、はじめは一つの工夫であったが、フランシスコ会の修道士でもあり、数学者でもあった人物によって体系的に論じられることになり、現実的な数学理論として広がるようになった。それは明らかにピュタゴラス的な哲学（数学）研究と商業の結びつきを示すものであった。

八　科学の変貌

　このように、一方で国家権力と経済の結びつきは古代からあったものであるが、科学と産業の結びつき、および、国家権力と科学の結びつきという近代の特長は、じつは中世において準備されたものなのである。このため、近代以降、経済は科学技術を得てヨーロッパから爆発的に発展することになった。そして繰り返し述べてきたように、国家は権力の基盤を経済に置くものであるので、経済の発展は、国家権力の爆発的発展となった。しかし、そのために人間は自然との和解の道をさらに狭めてしまったのである。なぜなら、すでに述べたように、科学や宗教という文化は、本来、自然との和解を目指す活動であったからである。ところが、その科学が経済という国家権力の基盤と結合してしまった。ことに科学と経済の結びつきは大問題であって、本来、科学は、人間が自然から離れ、自然の恨みを買ってしまった怖れから、「自然との和解を目指すため」に求められたものであった。自然宇宙を理解することは、欲望の実現のためではなく、純粋に知ることだけのために求められていた。いまでもこの伝統はアカデミズムのなかに続いている。

ところが、今や、現実の産業社会においては、科学は経済と結びついて、文明に奉仕する科学、言い換えれば、市場経済に奉仕する科学に大きく変わってしまったのである。

こうして科学は、自然を知ることを通じて自然との和解をはかるものではなく、反対に、今では自然を理解することで自然を難なく利用するための「道具」になってしまっている。この道具は、ひたすら経済に即した「物質主義」に人々の世界観を導いている。すなわち、現代においては、市場経済が世界を覆うことになるにつれて、科学的理解とは、物質的な宇宙理論であり、世界の物質的理解であると、多くの人が信じるようになっている。しかも、そこに神はなく、人間だけが支配者として君臨する。つまり人間精神だけが物質的理解からまぬがれた、奇妙な世界観が一般化しているのである。いわゆるデカルト的二元論である。文明社会の人々は、この世界理解は、この世界理解に基づく科学の成功によるのだから、疑うこともできないくらいの真理なのだと確信している。

ところが、この物質的世界理解はもともと市場が扱う商品の性格と一致する。すなわち、市場のはたらきによって「食べ物」までもが生きていることを失い、「物体」として扱われるようになった。市場を通じて食料を得ている文明人は、それゆえ、自分たちは物体によって生きているという印象をもつのである。したがって、科学が技術的成功を収めていくことと連動して、市場が世界を制覇していくにしたがい、文明人は、世界は物質的であることを当然のことと見なすようになった。つまり、文明人はこの自然世界を、市場で扱う商品の集まりのように、無意識に了解しているのである。そのため、文明の中心にいる人間は、それだけ生命世界を理解する力を失っている。日本でも霞ヶ関にいる役人のなかには、きわめて優秀な能力をもちながら生命の理解をまったく欠いているものがいて、平気で生命的世界を破壊してダムや道路をつくり、そのことに悩むどころか、それを誇る、という現象が見られるようになったのである。

すでに述べたように、生命は二重螺旋の構造によって特別な世界を切り開いている。それは物質世界とは全く別次元の世界である。ところが世界の市場化を通じて人々は、世界は物質的次元でのみ理解されるものだと思いこむようになった。このためか日本では人間の身体を機械にして人造人間をつくり、だめになった身体部品を取り替える、という発想の漫画が生まれている。市場化が進んだ世界に生きる人間には、自分の身体が生命体であるということが、わずらわしくなったのである。言うまでもなく、それは人間の思考が機械化され、機械的に理解しがたい身体がわずらわしく感じられるようになったことを意味している。市場化が進んだ世界に生きているわたしたちは、それほどまでに生命的理解を失っているのである。

じつはそのために、わたしたちは市場経済を通じて収入を得ようとすれば、自然を破壊する道を突き進むほかない状態におちいっている。なぜなら、わたしたちには本当の意味での生命の理解がないからである。つまり市場経済は投資によって発展するが、そこにもられる計画の立案に際して、投資先にある生命世界を考慮することが、本当はできなくなっているからである。というのも、わたしたちは、工事を行う際、科学的であることに執着していて、その科学が真実には生命世界を理解するよりも、生命世界を「物体化」して理解させるものであることを見落としてしまうからである。ところが、実際に破壊され、崩壊状態に追い込まれているのは、物質的宇宙ではなく、生命の世界である。

物質に関していえば、人間が破壊していると言えるかもしれないのは、原子核を壊してエネルギーを得る場合くらいであろう。わたしたちが大地を切り崩し、川や海を埋め立て、化学物質をまき散らし、森林を伐採して壊しているのは、たんに物質が存在している世界ではなく、生き物が生きる世界なのである。それにもかかわらず、わたしたちの科学は物質的世界理解の無謬性を宣伝して誇っている。これはほとんど愚劣としか言いようがない。とはいえ、わたしたちがほとんど無意識に無謬であると思いがちなこの科学的世界理解にも、中世以来の科学と産業（市場活動）の結びつきという偶然的な歴史が密接に関わっている。このことは、ぜひ知っておくべきだろう。なぜなら、わたしたちの「科学的理解」がこのような偶然的歴史の上にあると知ることは、わたしたちが相変わらず本当は「井の中の蛙」であることを知ることだからである。

しかし、それを引き起こしたのがイスラム教であったという事実は、現代においては皮肉にすら見える。なぜなら、歴史上、はじめて科学と商業を結びつけたのはイスラムであったが、今では、神を忘れた商業主義に対してもっとも激しい怒りを表しているのは、そのイスラムだからである。とはいえ、すでに述べたように、イスラムは商業に宗教的枠をはめたのであるから、西欧文明がこの枠を取り払って、ただ科学と商業を結びつけることのみをまねたことをイスラムが非難するのは、イスラムの立場からしてみればもっともなことなのである。

とはいえ、このような歴史を受け継いで現代の文明人の多くが、あるいはむしろ科学者や哲学者が、科学を無謬扱いする。科学は対象に即して対象を理解するものであると信じ切っている。しかし一般に科学には、口にされていない前提があるのであって、その前提のもとに誤謬がない最善の方法がとられているだけなのである。その前提とは、数量的に処理できる範囲でなら、科学的であることができるから、世界の実質は数量的なものですべてであると考える、という前提である。しかし、この前提が意味していることは、科学は文明の道具に過ぎない、言い換えれば、人間の欲望の道具に過ぎない、ということなのである。なぜなら数量には主体がないからである。それは自己である主体によって、いかようにも用いられることが前提なのである。したがって科学はもともと、世界のすべてが人間に支配されることを前提にしているのである。

わたしは自然のなかに誕生した人類は、その発達した脳によって生態系の多様な生物種を霊的な仕方で理解する能力があったに違いない、と結論した。そして文明が始まると、その能力を、ただ「人間のために用いる」ことで脳を萎縮させてきたと推論した。現代の文明人は、数理科学の絶大な成功によって数理科学ほど優れた能力を必要とするものはないのだ、と確信しがちである。しかしわたしの理解では、数学のように、特定の原理原則によって構成した(公理形式の)世界を理解することは、必ずしも能力の優秀さを示すものではない。なぜなら、公理はきわめて単純だからである。これに対して生命の真理は、三次元の事実を超えた世界に通じているかもしれない。そういう世界、すなわち、原理原則が複雑多岐である世界を理解することのほうが、多くの能力を必要とする、とわたしは考える。

いずれが正しいか、ということは、たしかに結論の出ない問題である。なぜなら、原理原則が単純であっても、ちょうど同じような単純なゲーム、たとえば囲碁のようなゲームが、ほとんど無限の展開を可能にしているように、どちらが優れているかを判定するかはむずかしいことだからである。ただし、わたしは人間がもって生まれた能力は自然の進化の過程から見ても、けっして数理的演算能力ではなく、むしろ霊的理解能力であると考える。人間はこの理解を押し進めることによって、はじめて自分の脳を完全にはたらかせることができるのであって、ほかの道を取れば、それは脳を萎縮させ、幻想を産みだし、多くの精神的病気が生じると考える。わたしは現代とは、その最終段階ではないかと考えている。

したがってわたしの見るところ、科学が教えるものは、真実のすべてであるかに見えて、ひとたびその前提が問題になれば、科学は砂上の楼閣に過ぎないことが明らかになるだろう。そしてその科学に支えられているわたしたちの生活も、一見、真理に即した生活であるかのように見せて、じつはけっして盤石の基盤の上にあるわけではない、ということが明らかになるだろう。それを人びとは文明の日常の中で見落としがちなのである。それはちょうど、まるでわたしたちが無限のエネルギー源を手に入れる力をもっているかのように大衆に思わせて、じつはねずみ講のように、必ず限界（終わり）が来るのであって、そのときには、突然何もなくなる、というカタストロフィー状態になることがわかっているにもかかわらず、しばらくは大丈夫だと考えている、現代の権力者のようなものである。生命世界の理解を欠いたかれらには、そのおそろしさが理解できないのである。

宗教が経済に制限を加えることを忘れ、そして何よりも、科学が世俗を離れた孤独な探求を忘れ、科学と経済が結びついた結果が、このような矛盾をはらんだ文明の基盤をつくりだしている。

わたしたちがこの矛盾から抜け出すことができるかどうかは、わたしたちのこれからの運命を確実に決める。なぜなら、このまま行けば破滅しかないことはわかっているからである。よく言われるように、わたしたちの社会を動かしているものは競争原理である。しかし競争原理は自然淘汰の原理であって、進化の原理ではない。自然淘汰とは、多くを消すことである。言い換えれば、競争を通じて起こることは、優秀だとされている少数のもののみが生き残っていく、ということである。競争を通じて、人間は今のところますます世界にある土地占有を広げている。手つかずとも言えるジャングルにまで道路を通し、畑を広げている。これによって、まずは人口が爆発的に増加する。しかし爆発的に増えた人口は、人間どうしの競争を激化させる。これは疑問の余地がないのである。他方、人間を養う力をもっている生態系は貧弱となり、人間を養う力を失っていく。それゆえ、競争原理はいずれ人間の数を減少させ、絶滅に導く。かつて恐竜は植物の退潮によって食料を減らされ、そのためにお互いの間で生き残りの競争を余儀なくされ、絶滅していったと考えられる。それと同じことが、人類にもすでに起こっているのである。そしてそれは、一万年前（文明の誕生）から植物が決めている人類の絶滅作戦に、このままわたしたちがまんまと乗ってしまうかどうかの問題でもある。おそらく植物は、人類は文明の道に入ってしまえば、後戻りはできなくなると踏んでいるのである。人類はただ「いい気になって」絶滅の坂道を転がり落ちていくことを、かれらは知っているのである。

第Ⅳ章　文明社会がもつ誤った考え

一　価値観の変貌

繰り返し述べたように、わたしが見るところ、人類は土地を占有することによって文明社会を形成した。特定の植物の実りを選択的に育成する、ということは土地の占有をかならずともなうからである。その際、多かれ少なかれ、自然に反する考え方を人類はもちはじめた。いな、むしろ自然に反して土地の占有を正義と見なす考え方を身につけることが、文明を開くことであった。しかしその考え方において数々の誤りがあることは、後述することにしよう。今はただ、自然が人類を生みだしたとき、自然は目的があって人類を生みだしたのだから、その目的に即して生きることだけが自然に即した正当な人類の生き方であり、それに反する生き方は、どのような言い訳がなされても自然界に即して言えば不当である、とだけ述べておこう。言い換えれば、その生き方は、ただ人類が勝手に権利主張している生き方なのである。

つまり良好な植生環境ないし生態系の状態を維持管理することが、人類誕生の目的であり、それに反する生き方は、文明社会のなかでどれほど人びとがその正当性を見事に主張しようとも、自然界ないし自然を管理する神の立場では、けっして受け入れられない。ところが当の文明人は、やっかいなことに、自然に反する生き方（教養のある文明的人間の暮らし）を誤りとは認めず、むしろここで自然に即して正しいと言われている生き方のほうが、森のなかを食べ物をさがしうろうろ歩いているだけの生活であり、それはまるで獣のような暮らしであり、野蛮なだけであると、一般に考えている。

自然本来の視点から見れば一方の暮らしが正当であり、他方が不当である。ところが、文明の視点から見ればそれとは逆に、自然に即した生き方は野蛮で獣じみていて、まるで人間らしい生活ではない。人間らしい生活こそが人間にふさわしいなら、ふさわしい生活のほうが正当であり、自然に即した生活は、不当とまでは言えないが、それでも文明人の視点から見て、人間らしさにとって望ましいとは言えない。しかし両者の間にこのような矛盾があることは、けっしてそれ自体としておかしなことではない。なぜなら、どんな社会においても、その構成員がその社会の価値観を大方正当と認めていなければ社会は成り立たないからである。じっさい国家の法というものは、当の国家社会の構成員が一般的にもつ価値観を土台にしてつくられている。たとえば、「死」についての了解事項が欧米と日本で違えば、臓器摘出の際の条件に違いが出てくる。もしも一般の価値観を無視して法律がつくられれば、その法律は守られないか、さまざまな問題が生じてくる。それゆえ、法律というものは、その社会で大方の人が正当と認めている価値観によらなければ法律として機能しない。ところで法律は正義を表している。したがって、法律の土台となっている価値観というものは、人間が社会を構成するとき、社会の構成員がそれを一般に正当と認めている考え、あるいは思惟である、ということが言える。

ところで文明が始まるとき、人間はある価値観から別の価値観へと、自分のもつ価値観を変えたことは間違いがない。なぜならすでに述べたように、そうでなければ異なる社会秩序が形成されないからである。ところで自然の実りを受け取るだけの生活のなかでは、私有の意識は芽生えないし、比較的少数の人間の集団が社会を構成していたに違いない。そこではみながお互いをよく知っているうえに、いかなる私有も考えられていないのだから、犯罪はありえない。なぜなら、私有がない、ということは、だれかのもの、というものがないのだから、他人のものを自分のものにする、ということ自体が成り立たない。したがって、他人のものほしさに殺人が起こることなどありえないのである。しかし農耕によって多くの人が社会を構成し、私有が認められることになれば、他人の所有物を盗むことも、そのために殺人が行われることも、生じてくる。これに対して社会は倫理規範をつくり、権力を使って犯罪が起こるのを抑止する。このとき、抑止の正当性はその社会一般に認められている。そうでなければ権力によって犯罪の抑止ができないからである。

一般に人間はそれが正しいと思うことを行うものである。犯罪でさえ、「それをしなければ自分は生きられないし、生きることは、むしろ正しい」という考えがあればこそ引き起こされる。つまり一般の人間が悪いと見ていることでも「悪い」とは考えられなくなるからこそ人間は犯罪を実行するのであって、本当に悪いと思いつつ、それでも仕方なく行われたことなら、むしろ同情に価する。それゆえ、犯罪も、犯罪者の心のなかでは正当化されているのである。したがって、ある社会にとって犯罪であることが、他の社会のなかで正当化される、ということは大いにありえる。文明以前の社会にとっては土地の占有は自然に対する犯罪であった。それが文明の始まりによって正当化されることになったのは、その最も大きな例である。そして大多数の人間が良いと思うことが、その社会における正義である。そしてそれを正義と考えて生きている人々は、その社会では善男善女である。

二　生死の価値観

したがって人間が文明をもつようになって価値観がどのように変わったか、ということをまず客観的に明らかにしておく必要があるだろう。なぜなら文明人の考え方が単純に間違いであることを証明しても、日頃自分が生きている社会が、反対にそれを正しいと見なしていることにつねづね接していると、ふつうの人間は証明されたことの意味がわからなくなるからである。たとえばソクラテスが処刑された裁判で、かれは「死を恐れる理由はない、なぜなら、死は良いか悪いか誰も知らないからである」と明瞭な証明を示している。この証明の明瞭さは、つぎのように考えてみれば明らかである。つまり、たしかに生きている人間は、だれも死んだことがない。死についてはだれもが未経験である。知っているのは他人の死だけである。ところで、わたしたちが「知っている」と言うことができるのは、信頼のおける人からその人が経験したことを聞いた場合、たとえば親から、あるいは先生から教えられた場合、あるいは信頼のおける著者の本で知った場合か、それとも自分が実際に経験した場合か、そのいずれかの場合だけである。それ以外は、わたしたちは「知っている」と言うことはできない。

ところで、すでに述べたように、人間はだれも死を経験していない。したがって人間はみな、死が良いものかどうか、事実としては知らないのである。いくら科学技術が進んでも、このことは当時も今も変わっていない。したがってソクラテスの行った証明は自明である。それにもかかわらず、ソクラテスからこの証明を聞いた当時の文明人は、その証明の意味をよく理解することができなかった。というのも、文明の価値観では、死は恐れるべきものでなければならないからである。なぜなら、文明は競争原理を絶対化している。その競争とは生き残るための競争である。人間が土地の占有という、自然に反する生き方をはじめたとき、人間は「生きるため」ということでその不法を正当化したのである。ところで生きるための競争は、死を恐れることを必ず他面にともなう。なぜなら死を格別恐れないなら、生きるための競争は、やる必然性がなくなるからである。じっさい生きるも死ぬも同じことと思うなら、無理に競争することはない。競争はただの遊びで十分になる。それゆえ、優劣を競う真剣な競争は、生を求め、死を恐れることを動機にもつことで、はじめて有効にはたらく。じっさい死を恐れないなら、だれも命がけで戦うことはないだろう。なぜなら、死んでも別段かまわないなら、生きるために守らなければならないものは何もないからである。ところで、もしもどんな競争も、命がけではなく、たんに遊びでしかないなら、競争は真剣なものにはならない。また、文明の基盤である土地所有も、命がけで守るほどのことでないと知れるなら、いつでも気ままに放棄されてしまうだろう。そうなったら、文明は成り立たないのである。

理屈のうえでは、たしかにソクラテスが言うように、誰も死を知る立場にはない。知らないことがらを一方的に災い、ないし悪と見なすことは正当ではない。したがってそれを恐れることは、論理的に言って、不当である。しかし論理的にはこの通りであって、死を恐れることはおかしなことであっても、自分たちの生活が別の原理、つまりお互いに生きるために競争するという原理に基づいている場合、この原理によって、人は死を恐れなければならない。生きることこそ大切であり、生きるために戦うことが必要であり、それでこそ生まれてきたかいがある、ということが文明社会の価値観である。そして文明社会とは、多数の人間が寄り集まって生きるために戦う競争社会であり、そのために、死を恐れることを常識と見なしている社会である。したがってソクラテスが示す論理が一般人の耳には何か別世界の話に聞こえてきてしまうのは無理もない。

じっさい、この社会で懸命になって仕事をして暮らしていこうとする人間にとって、「死は悪ではない」ということが全くの真理であると知れるなら、かれは生にしがみつくことの意味がわからなくなるだろう。かれは仕事に懸命になる意味がどこにあるのか理解できなくなる。ところが文明社会のなかでは、大多数の人間は、仕事をさがしだし、他人を押しのけてそれを行うことで、社会のなかでの自分の位置、つまり存在意義をはじめて確認することができる。なぜなら文明社会の原理は競争原理なので、競争を通じてしか文明社会のなかで人は自分を見いだすことができないからである。そしてそのどの段階にも、他者との競争が含まれていて、端的な競争、つまり自分が生き残るための競争によって、文明人は自己の地位を見いだし、文明社会は活気を維持している。逆に言えば、人間が命がけの競争を停止すれば、それだけで文明社会は維持できなくなってしまう。すなわち、生きるために戦わなければならないと考える人間がいなければ、この社会は成り立たないのである。したがって、社会の構成員が競争から単純に離脱してしまえば、文明の残骸だけが残る。ところが、死もまた、悪でもなければ恐れるべきものでもないと知って、人びとが生き残りのための競争に参加する意味を見失えば、現実にそういうことになるのである。

言うまでもなく、実際の歴史においては、そのようなソクラテスの論法は無視されている。ソクラテスが生死を問題にするべきではなく、むしろ良く生きることが大事だと訴えても、良く生きるためにはまず生き残らなければならない、と理屈をつくって、ソクラテスの論理を巧みにねじ曲げ、まず生きることが善であり、そのためには、人間は競争に参加しなければならない、と信じて疑わない社会が続いている。ところで、この社会では競争にうち勝たなければ生きていくことはできない。そしてそれゆえに、仕事ができる自分をある種の勝者と見なして満足することができるし、仕事ができなければ、敗者として不安な日々を送らなければならなくなる。そして文明社会はそのように考え、生きていこうとする人間によって、はじめて存続している。もしも、だれも懸命に競争に参加しようとしないなら、文明社会は明日にも崩壊するのである。

社会のなかで人は、無意識のうちにある種の価値観を共有している。無意識のうちに、という意味は、その確実性をひとつひとつ自分で確認することなしに、という意味である。しかもソクラテスの証明がその後の哲学の歴史を通してつぎのことを証明している。すなわち、世の中で哲学の仕事をしている人たちでさえ、その確認を怠り、文明社会の暗黙の価値観を前提として怪しまない、ということである。じっさい「生きる」ことのすばらしさや「よく生きる」ことの大事さについては、歴史上、哲学者たちによって縷々論議されてきた。それは文明が賞賛し、競争にすら導いていることだからである。ところが「死を知らない」ことについては、哲学者の間でさえ、まったく議論されたことがない。

「自分の死を知ることとは、生きてあるかぎり持つことができない知である」ということは、はたして何を意味するのか。ソクラテスはこの無知に基づいて、数々の議論を行ったのであるが、ソクラテスの死後、現代まで数千年の間、かれのこの証明を真剣に扱ってきた哲学者は、驚くべきことに、ただの一人もいないのである。直弟子のプラトンさえ、「死についての無知」をかれの作品の中で取り上げていない。つまり哲学の活動に専心して社会に背を向けているかのように見える人々ですら、文明社会が前提にしている矛盾には気づくことがないのである。つまり「生には専心する」（競争を意義あるものと見なす）が、その対局に公平に見いだすべき「死については専心することがない」（死を意義あるものと見なさず、無価値と見なす）という、文明人がもっている考え方の矛盾に気づくことがない。しかし生死は、両者平等に、むしろ人間の生を織りなしていることは、冷静に考えればわかることである。たしかに、古代の末期に「死を忘れるな」という標語がヨーロッパにおいてよく用いられた。しかしその標語も、死を恐ろしいものと否定的にとらえて、肯定される側の「生の充実」を語ろうとするものでしかなかった。現代においてハイデガーが、自分の死を考えることに「先駆的決意性」という名前を与えても、内実は変わらないのである。

価値観というものは、それほどまでにその社会の構成員のこころのなかに深く根ざしている。それを問うことは、ほかの価値観のよりどころを知らないままでは、とてもできないことである。つまり文明以前の価値観のよりどころを知ったうえでなければ、文明の価値観を問うことはできない。それゆえ、文明の価値観を問うためには、文明以前の価値観を確認しておかなければならない。

三　文明以前の人間の生死

さて、文明以前、人間は土地を占有することはなかった。かれらは歩き回りながら、生態系のバランスを最善のものにするために、災害が起きた場所に出くわすと、全力で復旧し、生態系のバランスに狂いが生じていることを見つければ、その補正を行っていたと思われる。そのために必要な知的能力と自由な手が、自然から与えられていたのである。この生活において優秀な人間とは、樹木を基礎として生態系の全体に目を配り、何をすれば効率的に回復がはかられるかを理解し、人間どうしで協力して作業を行う協調性と指導力をもつ人間である。

かれらは死を恐れたりはしなかっただろう。なぜなら自然を深く理解するなら、生死を通じてこそ、生態系の循環があり、生命世界において物質を循環させているのは、何よりもそのような生命の循環であることを理解していたはずだからである。たとえば、水の循環について説明したように、水を循環させるに際して大きな力を発揮しているのは植物のはたらきである。したがって植物の最善な状態を目指して活動する人類は、その植物が行っている水の循環をきわめて高く評価していたに違いない。じっさい水が循環する姿は、そのまま生命の循環を教えている。水は天に昇り、水玉となってもどってくる。小さな水滴は次第に大きくなり海という大きなものに合流する。あるいは、もっと小さな水の滞留に合流してふたたび天に戻る。水はこの循環を通じて多くの栄養分を運び、栄養分が一か所にとどまってしまうことを避けている。水は、地球上のあらゆるものを溶かし込む力をもっているために、地球上でもっともすぐれた運び屋なのである。

そしてこの水によって運ばれる栄養分によって生きている生命は、またそれ自体が生死を通じて循環していなければ存続しない。水も生命も「流れの途中であること」を本質としているのである。流れていてこそその水であり、生命なのである。それゆえ、生死をそのまま認めることが人間にとっても生命の永遠的理解であると言わなければならない。曹洞宗の開祖道元は「この生死、これ即ちみ仏の御命なり」と述べている。この場合、み仏とは、生命の本質と読み替えることができる。他方、「この生死」とは、個々の生命体に起こる生死である。その生死一つ一つが、生命の本質そのものであり、ありがたいものなのだ、という意味である。けっして生のみがありがたいのではない。この言葉は、仏教の精神が文明以前の知恵を呼び起こしていることをよく示している。

またかれらは競争しても、それは遊びとしてしかしなかっただろう。なぜなら、協調性こそ、自然が人間に求めた仕事に必要な能力だったからである。たしかにほかの動物にも見られるように、子どものころには、身体の成育のために、競争の遊びが必要だったに違いない。かれらも取っ組み合ったに違いない。しかし、それは遊びにとどまったのである。生死が生命の永遠的循環そのものと知れているなら、他の集団と出くわしても、道をゆずるかどうかで、生死をかけた戦いになることはなかったに違いない。なぜなら、それはまったく意味がないからである。

四 文明の思想

文明がはじまると、これが一変する。そもそも文明の始まりは植物の選択的育成にある。特定の実りを求めて特定の植物の成長を選択的に促すことを人間がはじめた、ということである。それまでは、あらゆる目に留まる生物、風、雨、季節の変化、水の流れ、植生に関わるあらゆる条件を考え、植物を基礎とした生態系の全体が人間の手を離れても良好な状態を保ち、すべての生き物に最良の実りを提供できるようにと、人間は自然界での役割を果たしていた。ところが文明が始まると、その途端、人間は自分たちに向けた環境改善しかしなくなったのである。

この結果として、第一に、人間こそが自然界のなかで「最善の存在」であるという世界観が生まれる。

それまでは他の動物も含めた「全体が最良な状態」となることが作業の目的であった。ところが、作業の対象になった土地が人間だけのために最良であることが求められるようになると、目的となる人間はやはり最善のものと見なされるほかない。なぜなら人間のためにその土地が耕作され、特定の植物が育成されるからである。それはいわば特定の土地が人間に捧げられたようなものである。人間は神のごとく捧物を受け取るのである。こうして考え方の環が閉じられる。つまり「人間のために労苦することは善である、なぜなら、人間が自然界において最善のものであるから」。たしかにはじめは神が持ち出された。だから初穂が供物として神に捧げられた。しかし、それは当初の人間が自分たちの行いにいくらかの逡巡があったからである。じっさい、神は初穂であろうと何であろうと、食べることはないのであるから、実質的には、宗教行事は人間が人間のために土地を用いて特定の植物のみを育成するという自分たちの不正を、「神」を持ち出すことによって弁解する行為でしかなかった。

この場合、人間が最善であることの証明は不必要と見なされている。はじめは「神」を持ち出してごまかしていた。そのうちごまかしを止めて、堂々と人間の優秀さを主張して怪しまなくなった。人間は、見たとおり、最高の存在なのだと言う。しかし、何によってか、ということはけっして明瞭ではない。人間は一番頭がいいから、ということが自然界で人間が最善であることの理由になる、と言われるなら、つぎのように反論されるだろう。すなわち、猫ほどの頭脳であれば、悪いことはしないだろう。人間が悪いことを行うのも、人間が頭がいいからである。しかしもし頭がいいから悪いことを行うなら、人間は頭がいいから最悪であるという証明が、頭がいいから最善であるという証明と、同じように成り立つだろう。したがって、さきの証明は不明瞭である。

しかしこういう疑惑は無視されている。哲学世界の常識では、人間は最善で最高の存在なのである。こうして、わたしたちの思考の環が閉じる。そしてそうなれば、人間はそれ以外の考え方ができなくなる。それゆえ文明社会のなかでは、「人のためになる」ことがあらゆる行為の目的としてあげられるのである。そしてこのことについては何ら抗議の声があがることはない。なぜなら、それは文明の絶対的前提だからである。それゆえ現代において叫ばれている自然環境の保護も、人間の生存を目的として掲げなければ、社会のなかで一般に通用しないことになっている。言うまでもなく、人間が目的であるということは、社会が目的であるということと同じである。

文明社会は、社会単位で人間を守っているからである。やはり個々人は、個別的存在に過ぎないゆえに普遍的目的とされることはない。したがって人間を最善のものとして考えることは、人間社会を最善のものとして考えることでもある。それゆえ、文明社会では、社会の秩序をつくる道徳が端的に求められる。なぜ道徳が社会のなかで端的に求められるかと言えば、人間社会という集団的秩序が正義であり、善であるということは、ほかのもので証明することができないからである。それはただ、前提として主張されているだけである。これはちょうど人間が最善で最高であることは、理由なしに認められているのと同じである。たとえば、かつてプラトンは『国家』という作品で正義について論じた。文明の価値観では、国家という社会単位が唯一、正義を論じることができる土台だからである。また近代になってカントは道徳法則を掲げ、それに従う義務を強調した。「人間を手段としてと同時に目的として扱わなければならない」という命題である。その際カントは道徳法則の端的さを強調していて、道徳法則がなぜ道徳法則か、つまり絶対的に善であると言えるのか、ほかの原理を持ち出して証明していないのである。

しかし、言うまでもなく、文明社会、あるいは国家というものは、土地の占有に基づいて生まれている。土地の占有は、自然から見れば何の権利もない不法行為である。人間が土地を創造したのではないからである。だれもが認めるように、人間が地球を作ったのではない。ところが人間は勝手に土地を占有し、それを正義としたのである。それゆえ、社会や国家の正義は、何かに基づいているのではなく、ただ理由もなく、正義であるとされているだけである。それゆえ、文明社会の哲学では、国家や社会は端的に正義であり、その正義を守る道徳も正義なのである。ヨーロッパにおいても、中国においても、古典的な哲学の内容は、そういうものである。しかしすでに述べたように、このことにはじつは何の根拠もない。

第二に、自然界の特定の存在である「人間」のみが作業の目的とされるなら、人間が行う作業のために考えなければならないことが単純化する。なぜなら、人間は人間のために選択された実りを求め、他方、それを阻害するものは悪として排除すればよいからである。選択された限られた数のものだけを守り、それ以外は排除する作業は、きわめて単純で効率的である。人間はその効率性を賛美し、効率的な食料獲得を、むしろ人間が優秀であることの証明として受け取る。とにかくこの単純化によってこれまで以上の実りが安定的に手に入るのであるから、良いことづくめだと考える。

こうして人間界のなかで作業を指導するものは、これまでのように多様な全体を配慮する能力を必要としなくなり、すべての人が狭い考えで満足することになる。それまでは生態系が抱えるすべての種が共生できることを第一に考える必要があった。新たな種が生態系に加われば、その種が加わった影響を考えに入れなければならないのであって、もとの生態系を維持するために新参者を排除すればいい、という考えはもつことがゆるされなかった。つまり複雑化する生態系の計算が人間に要求されつづけていたのである。それは、指導者にほとんど無限の配慮を要求した。

ところが、特定の植物に配慮すればよく、多くのことを配慮しなくてよいことになると、指導者の質は落ちることになる。なぜなら今度は、指導者に求められるものは、むしろ断固とした排除ばかりとなるからである。そのため、声の大きな者、力強く邪魔者を排除する者が指導者に選ばれる。そして従順な者が下位につき、社会のなかで対立する者が、つぎの指導者となることを求めて競争することになる。そしてそういう社会集団が、断固とした行動によって他の社会集団に対して競争上有利になる。ところで、文明社会では、社会が正義であり、それを守ることは正義なのである。それゆえ、競争を有利にする断固とした行動が、勇敢な行動であり、正義であると認識され、賞賛される。

第三に、特定の作業のみが配慮されるようになると、専門化とそれによる効率化が賞賛されるようになる。下位についた者も、それぞれに専門の仕事を分担するようになり、ますます人々は自然界の全体に配慮する能力を失っていく。しかもすでに思考の環は閉じられているので、疑問の余地はないのである。

第四に、専門化と効率化が進められるようになると、その資質のある者が競争によって選ばれることになる。こうして文明社会のすみずみまで競争による人間の選択が正義として制度化されるようになる。この競争によって除かれたものは、社会的弱者という立場に立つ。このようにして社会の秩序あるいは階層ができあがるのである。しかし、文明社会内部に階層秩序ができることは、文明が競争的排除の論理によってできあがっていることと不可分である。つまり人間は特定の土地を占有して特定の植物以外を排除するが、それと同じことを社会内部で行うことが、競争社会の現実なのである。

つまり、土地の占有によって、土地の外部に排除される植物や動物が出てくるように、社会の階層化によって、支配的地位から排除されたものが人間社会には出る。かれらは私有権を失って奴隷化するが、それは土地から排除された植物や動物のようなものである。それゆえ、人間は、人間社会の外部に対して行うことと、ちょうど同じようなことを、社会の内部に対して行っているのである。つまり外部に対して暴力的な社会は、内部に対しても同じように暴力的である。なぜなら自然の側から見れば、土地の占有による排除が不法であるゆえに、それによって成り立つ人間社会も不法を本質としているからである。つまり不法な集団は外部に対してだけ不法であることはないのであって、かならず内に対しても不法を行うのである。それゆえ先進国の社会がいかに紳士を気取っても、その社会のなかに貧窮するものたちがいて、ますます暴力化する火種をもつところを見れば、先進国の社会がもつ現実の不法性は、誰の目にもあらわになっている。

他方、文明社会にありながら公平な競争を取り入れることを、既得権益をもつものが拒むならば、その社会は文明の進度が遅れて、弱点をもつ。なぜなら文明社会は一つではなく複数の文明社会が競争している状態にあるからである。競争に勝つためには、それだけ優秀な個体が出てこなければならない。それを選び出すための競争である。その競争を有効なものにして真に優秀なものを選び出し、それによって他の文明社会との競争に勝たなければならない。しかしその競争が社会内部で行われないならば、外部で文明の競争に勝ち残ることができなくなる。そのために、競争のための公平性が文明社会ではときどき問題にされる。

このようにして文明社会では、「競争」は進歩と自由のための、唯一の道と考えられている。ところで、生物世界にある進化の現象は、人間が自然界の最高の存在と見なすなら、人間を頂点としたピラミッドを作ってきたように見える。言い換えると、人間を最高存在と考える文明社会の価値観から見ると、人間のような優秀な種を作りだしてきたのが、進化という現象であると考えられる。だとすれば、人間世界から見た「進歩」を促してきたのは「競争」であるから、種の進化の原動力となったものも、競争に違いないと考える。そのために種の進化も、競争原理によって説明できると人びとは考えたのである。つまり文明社会の常識では、自然界の種の進化と、文明の進歩は、類似のものであると考えられている。ところが、競争は勝ち負けの勝負であって、負けた者はその場から立ち去る、というルールである。

その競争が生命の場にあったら、負けたものとは、死滅するものであるから、競争によって負けたものの絶滅を説明することはできる。しかし、勝ったものの「進化」を説明できるか、となると、やはりあやしいのである。じっさい、人間の間での競争も、もともと優秀であったものが勝ち残るのであって、競争で勝ち残っていくことで、勝ち残るものが進歩してより優秀になる、ということではない。各人は、あくまでも競争に勝つために練習することで優秀になるだけである。したがって、競争自体によっては、より優秀なものが残る、ということしか見ることはできない。あくまでも競争はただの勝ち残りゲームである。ゲームが続けば、ただ競争に関して優秀なものが勝ち残って、数が絞られていくだけである。したがって最後にひとつしか残らないのが競争である。しかし生物の社会で一個体しか残らない、ということは、事実上の絶滅を意味している。それゆえ、競争は絶滅しか説明できない。

しかし誰もが知っているように、自然界の種の進化は、これに反して、多様性を実現してきた。優秀なものだけが残って、他のものが滅びてきたのではない。人間はアメーバより優秀であるとしても、アメーバは人間が進化する過程で滅びてはいない。したがって、明らかに競争は種の進化を説明できていないのである。ところが、文明の進歩と、それを決定づけてきた競争原理を信奉する文明社会の人間は、このような説明を素直に理解することができない。

第五に、しかし、以下は、すべて第一に引き続いて起きてくる矛盾である。人間の行う作業が人間のためであって、生態系の管理が目的でないことになると、人間の生きる目的が人間自身となり、行為者とその目的が「同一化」して、当然わけが分からなくなる。

偉大な哲学者たちはこの同一化を暗黙の前提にして人間の生きる目的について云々するため、「善美」とか「空無」とかの抽象性で人々を煙に巻くのである。すなわち、人間が生きる目的は善美である（ソクラテスやプラトンに代表される西洋流の答え）とか、人間の生は空無である（老子やシャカに代表される東洋流の答え）とか、である。ところが、善美とは何かと問われれば、だれもわからないし、言えることは、自分がそれについては無知であることだけである（これはソクラテスのよく知られた「無知の自覚」の主張である）。しかしまた、その反対に、人間の生が空無であると言っても、それはやはり、目的となる善美が不可知であることを告白することでしかない。なぜなら、空無であるとは、明確に目的として指定できるものが何も無いことを意味するからである。したがって、結局、人間は文明の価値観のなかでは、自分の生の目的を見いだすことはできない。そのことを偉大な哲学者たちも認めているのである。

第六に、人間が最善の存在となれば、人間はまず自己を愛するほかない。なぜならもっとも自分に近隣の人間は他者ではなく、自己だからである。それゆえ文明社会では、人間がもつ意識も、第一に自己についての意識である。つまり人間は自己意識を第一の意識としてもち、それ以外のものを、自己との関係から考えていくばかりになる。言い換えると、自己にとって有用であるか、無用であるか、害となるか、得となるかが、文明人が世界を見る規準となる。こうして文明人は多かれ少なかれ利己主義者になるのである。

第七に、同様に、第一からつぎのことが言える。すなわち、すでに述べたように、本来人類の誕生には必然があった。植物の進化に合わせて各種の動物が進化し、そのうち、複雑に進化した自然の生態系を整える動物が必要となった。このことが、人類誕生の理由である。言うまでもなく、個々人の誕生と死に必然はない。それはちょうど、個々の素粒子の動きは偶然であるが、それが大多数となるとき、宇宙大の必然があらわれてくるように、個々人の生死は偶然であるが、人類の誕生と絶滅には、「食」において、たしかな理由（必然）がある、ということである。

しかしながら文明がはじまると、人類は自らの生の必然を捨ててしまった。すなわち、植物によって与えられていた誕生の目的を捨てて、自分たちを目的に据えて、自分たちのために自分たちがあると考えたのである。そのため、もはや人類は自分の誕生の必然を語ることができなくなった。なぜなら、目的を自己としたら、自己の存在がそもそもの前提になるのだから、その誕生の理由を問うことはできなくなるからである。そして同時に、絶滅の必然も語ることができなくなった。なぜなら自己の存在が前提になっているのだから、その存在を否定する議論はできないからである。こうして人々は、なんのために生まれてきたのか、ということについて、答えを期待できない絶望的な問いを発するようになったし、同時に、絶滅について漠とした不安を感じながら、その必然を理解することができなくなった。そのために、隕石の落下とか、自分たちの責任を逃れている地球環境の急激な変化、という不幸な偶然の訪れを予想するのみとなったのである。

したがって文明人は、文明の発展がやがて自分たちの首を絞める結果になることはわかっていながら、その理由を理解することができない。というのも、文明がもつ世界観は、それを理解するための視点を失っているからである。文明社会の価値観は、ただ人のためになることを究極の善と見なしているので、自分は何のために生まれてきたのか、という問いを自身に問う人は、結局自分のためになることを見いだすほかにない。もっとも幸運な事態としては、人のためになりながら同時に自分の生き甲斐を感じられることがらを何とか見つけだして、それが答えであろうと信じることができるときである。しかし多くのひとが、そういうものを見いだすことができないままに、むなしく人生を終えることになる。

　したがって、それを自分で探しだすことに困難を覚える人は、宗教にすがり、神の答えとして「神の愛」や「仏の慈悲」を抽象的な答えとして受け取って、それを信じるほかないのである。しかしながら、キリストの教えにおいても、神の愛はエデンの園（神の国）に帰る力ではあっても、帰り着いたエデンの園で何をするべきかについてはまったく語る力をもたない。すでに述べたことから明らかなように、人類はエデンの園で、その園のあらゆる木について神を助けて管理作業をしていたのである。ところが、聖書の古い伝統すらそのことを忘れ去っているのである。

　そしてキリスト教徒の多くは、至福を得た人は天国では何もしないで、ただ永遠の命を楽しむのだと語る。しかし、何もしないでいることを「生きる喜び」と思える人は、ただ怠惰なだけの人であろう。この世で怠惰でいることに喜びを覚えることができなかった人は、少なくとも、天国での生活について「何事かをなす」日々を願わざるを得ない。しかし、その答えを、文明社会の価値観は人間を自己目的化することによって永遠に見失ったのである。

　第八に、やはり第一から次のことが言える。かつて人類は植生の管理を、良好な植生の状態を目的にして行っていた。そこには目的と手段の乖離は存在しない。なぜなら植生管理は人間が目的ではなく、植生自身の良好な状態が目的であり、その結果生み出された実りを、人間は他の動物たちと分けあって生きてきたからである。つまり人間は目的でも手段でもなく、しいて言えば、目的を指向する者であり、手段を実行する者であった。ところが、人間が目的となって植生の選択的管理を人間が行うと、その作業が人間を目的とする手段として理解されるようになる。

つまり人間が生きていくために、人間の作業によって特定の植物が選ばれて育成され、その阻害要因が排除される、という世界の構図が生まれる。ここにおいて、目的と手段が乖離する。なぜなら目的は人間であり、作業は特定の植物相手だからである。言うまでもなく、当初は目的と手段はかけ離れるわけではない。目的となる同じ人間が、目的を意識して作業に汗することがあったはずである。つまり自分が食べるために作業を行うのなら、目的と手段はかけ離れてはいないのである。しかし、しだいに作業は、目的のための手段として理解されることになり、こうして意味上、両者が乖離すれば、労苦は、別の人間に背負わせることも可能になる。つまり植物の実りをじっさいに得て生きていく人間と、作業に汗するばかりの人間が、別々の人間であると理解されるほどに目的と手段が社会の意識のなかで乖離すると、社会のなかに、主人と奴隷という階級が生まれるのである。

また目的と手段が乖離し、作業が手段と見なされるようになると、奴隷制度のない現代の個人生活においても、がまんしなければならない仕事の時間と、その結果として得られる余暇とが分離して、人間は、生きている時間の多くを、手段（仕事）に費やさなければ、生きる目的（余暇を楽しむこと）を達成することができない、という運命を背負うことになる。そのため、人間は手段に費やさなければならない時間ばかりに目を奪われて、いつしか目的について考える力を失うのである。つまり何のためにこれほどまでに辛苦して金銭を得るための労働に汗しなければならないのか、と考えたくても、考える時間も与えられない生活しかないのである。しかしすでに述べたように、文明社会では人間自身が目的であるので、それについて考察しても、じつはまっとうな答えを得ることはできない。なぜなら、人間を目的化することは、それ自体が論理的に破綻しているからである。なぜなら、じっさい人間は目的とされるほど優れた存在ではないからである。すなわち人間は神ではない。

また文明社会の科学では、人間は進化のなかで偶然に生まれたものとされる。偶然に生まれた、ということとは、特別の理由もなしに生まれた、ということである。言い換えれば、人間には本来この世に生まれてくる理由などない、ということである。ところが、もしも生まれて来た理由がないということであれば、人類が死滅することは自然にとって何ら問題がない、ということである。死滅することは、ただ人間自身がそれを嫌だと思うから、嫌なのだ、ということしかない。

それゆえ文明の価値観を絶対的に信じている誠実な人間は、かわいそうなことに、「何のために生きるのか」、「何のために生まれてきたのか」、という抽象的議論の途上で死ぬほかないのである。

さらにまた、生きることが目的と手段の間で乖離すると、人間は自らの努力と工夫によって（手段にして）はじめて生きることがゆるされる、と考えてしまう。なぜなら、目的は手段を通じてはじめて得られるものだという原則があるからである。そのために、仕事が十分にできなければ、かれは生きる価値が無いと見なされ、そのため、人間は仕事をなかば強制される。しかもその仕事とは、すでに明らかにされているように、金銭に換算されるものでなければならない。なぜなら雇われることは、一定の金額で投資を受けた状態だからである。かれは投資に見合う作業をこなさなければならない。投資に見合う作業だけが、仕事だからである。そしてその結果食べることができないことになれば、それは本人の責任だと一般に理解されるのである。すでに述べたように、文明以前では、実りが得られるかどうかは自然にまかされたことであるので、食べ物を得ることができなくとも、それはだれのせいでもなかった。ところが文明社会は人為によって実りが得られると考えるので、実りが得られないとすれば、それは人為に不足があったからであると考えられ、それは個人の責任と見なされるのである。

第九に、文明の価値観によれば、人間が生きることが目的であり、そのために実りを得る必要があって、植生管理が行われるのであるから、人間が「生きること」は疑いようもなく善と見なされる。なぜなら、目的は善でなければならないからである。

したがって「死ぬこと」は、反対に、疑いようもなく悪と見なされる。しかし、もともと個人の生死が偶然のもとにあることは事実上否定しがたいのであるから、生死を善悪で見ると、さまざまな矛盾が起きてくる。なぜなら善悪は本来、人間が生きていくうえでの必然的規範だからである。つまりたしかに普遍的に、何事であれ、善いものでなければならない。あるいは、良くなされなければならない。良くあること、良くすること、これらは社会の要請である。あるいは、自然自身の要請である。したがって、その意味で善悪は必然なのである。

ところが、個人の生死は必然ではない。ところで、個人の生死に善悪の規範をあてはめて社会が要請することは、圧政を意味するし、もしも自然が要請すると見なすなら、それはおそらく「神の命令」と見なすことであろう。そして神の命令ならば、それ以上の理由の遡及は禁じられるのである。すなわち、人間は「生きなければならない」、「死ぬことは卑怯だ」、ということである。なぜ死ぬことは卑怯となるか、と言えば、文明人の倫理では、競争に参加することが勇気をためすことであり、死ぬことは生き残りの競争に参加しないことだからである。したがって、競争に参加することを拒絶する自殺者は、卑怯なのである。言うまでもなく、この場合、神の命令だ、というのは、文明社会のつくりごとである。神がつくりだした自然は生死を必然とはしないのだから、神もまたそれを必然にはしない。しかし、文明社会では、おうおうにして神の名を持ち出して文明の価値観を強制するのである。

すなわち、文明社会の価値観では、善が必然であると同様に、生は必然でなければならない。というのも、文明人は社会の競争に参加しなければならないから、そのためにはまず生きることが前提なのである。生きることは文明人にとって競争に参加するための絶対的前提でなければならない。それゆえ、文明社会のなかでは、生きることは良いことであり、よく生きるためには競争に参加しなければならない。したがって死ぬことは悪であり、絶対的に避けなければならない。そして競争に参加してこそ、優れた人間であることが認められる。競争に参加しない人間は臆病で無能な人間であると判断される。このように価値観の環が閉じているために、文明社会では、生きていなければ生きることの良さ（手段と区別された目的）は得られないと説明される。したがって、死は絶対的に拒絶しなければならない。それが社会の要請なのである。哲学者カントが、心の不死を理性の要請として証明したのは、まさにこのことゆえなのである。すなわち、肉体の死は明白であるので否定できないが、心の不死は、不明である。それゆえに死を拒絶する文明の論理によって心の不死が要請される。哲学者はこの要請に答えることができるとき、「優秀な」学者と見なされるのである。

じっさい文明社会では、死はもっとも恐ろしい災いとして記憶されなければならない。そのために文明社会では、死ぬときのことが、ことさら苦痛の多いことがらとして描き出され、吹聴される。それは人類に普遍的な不幸と見なされる。しかし、自然界の事実としては、人間は誕生と同様にして死ぬものであり、生死は、善悪のような必然的な規範ではない。

むしろ生死は、生命の自然な循環である。それは巡り巡ることが、生命そのものに即していることなのであるから、誕生と死は、いずれも自然な良さとして受け入れるのが、自然なのである。ところが、それでは文明社会は立ち行かない。死が生と同様に受け入れられるなら、生のために（生き残るために）必死ではたらくことが成り立たなくなるからである。すなわち、もしも生のために必死となることが社会の規範でなければ、社会のなかで競争も遊びにしかならなくなる。それゆえ、文明社会に生きる人々は、ひたすら生を愛し、死をむやみに恐れる生き方を選ぶことを、文明の構成員として余儀なくされるのである。

第一〇に、文明社会は、選択的な植物の育成に努力することになったので、土地の私有を正当と見なす。なぜなら人間は特定の土地に労力を一方的に傾け、自分たちのために実りを得る目的をもつからである。

自分たちの労苦がその土地の植物から一定の実りを得るためのものであると理解することが、文明のはじまりであった。そうであるなら、人間は土地を占有し、他者を排除するために労苦しなければならない。ところで本来動物は、もともと人間を含めて、自由に植物の実りを得ることを自然から約束されている。自然のこの約束を反故にして、他者を排除するとなれば、そもそもあらゆる場面で自然にならうことを止めなければならない。植物の選択的育成がすでに自然にならうことを止める第一歩であった。その一歩をはじめて、自然の法にまい戻らず、その一歩に踏みとどまろうとするなら、その土地から他者を排除する、という自然法に対する不法を、さらに犯さなければならない。

そのために文明社会は、私有を認めるのである。私有の土地であるから、他者を任意に排除する権利がある、ということである。しかし、私有権の設定自体が不法なのである。文明社会は個人の果たした努力をお互いに尊重するべきであるから、という、いかにも紳士的な理由をあげるのであるが、もともとその努力（特定の実りを占有することをねらって選択的に植物を育成すること）が自然の定めに対する不法なのだということについては、文明社会は無視している。つまり不法を隠して、あらたな不法を法律に仕立てているのである。

文明社会はこのようにして私有権を設定して、人間が生きることを目的化した。そのために領土を必死で守る人間を育てることに成功し、戦争を引き起こし、世界の競争を生きぬいて、今日の繁栄を得ている。文明社会の原則では、競争に勝ち抜いた人間社会は優秀さを証明したのであるから繁栄を享受する権利がある、ということである。それゆえ文明社会の間でも、科学技術を手に入れ、強力な武器で相手をねじふせた社会が、優秀な社会として存続を認められる。これに対して、資本を集中して強力な武器開発に力を注がなかった平和主義の社会は敗北して排除される。同じことが自然に対しても行われる。人間はそれまで自然が築いてきた生態系の豊かさを独占することを一方的に正当化して、他者を排除する。そしてそれに成功することが競争にうち勝つことであり、優秀さの証明であると主張する。これは、ちょうど一人を殺せば殺人だが、大量に殺せば英雄である、と言われるように、土地を少しばかり勝手に私有する小悪人なら、ただの不正であるが、大手を振って土地を占有する大悪人なら、優秀であると主張することである。なぜなら、土地を占有する国家が正義であると見なすことは、まともな理由もなしに一方的に自分たちに理があると主張して、大勢を頼みに自然の法を平然と犯しているだけだからである。

じっさい、もしも文明以前の価値観を保つ人びとが文明社会の隣にいたとしたら、かれらは争わず（私有の意味を知らないのだから）、ひたすら良好な自然環境の整備に邁進するだろうし、文明社会はその場所を腕ずくで手に入れてあやしむことがないだろう。なぜなら、一方はそれを独占することを知らず、だれでも入ってきて実りを得ることを自然の法として認めているのであり、他方は、その場所を自分たちのものにして、かれらを排除しようと考えるだけだからである。そして私有の意味を知ることができない非文明社会の人びとは、片隅に追いやられてゆき、いつしか絶滅していくほかない。とはいえ、言うまでもないことであるが、独占することを知っているということは、自慢できることではない。なぜなら、それは悪いことを知っている、と言うことに過ぎないからである。ちょうど、殺人を知っている人間は、知らない人間と比べればただの恥ずべき人間であるように、独占と私有を知る人間は、能力のある人間ではなく、自然の法からすれば、ただの恥ずべき人間なのである。

とはいえ、すでに明らかにしたように、人間の文明はそれを正義と見なして自然の法を犯している。したがって自ら絶滅への道を邁進して、そこから離れることができないのである。なぜなら、かつてのように人間が生態系を守れば、生態系が実らせるものが、半永久的に人類を養うが、人間が生態系をこわして人間のみを養う道を取れば、人間は植物のように養分を作り出す力はないのであるから、必然的に、自滅するほかない。事実は単純である。それにもかかわらず文明人は、自ら正義と生命を歌い上げて自画自賛する。まことに悲惨なことである。

五　文明社会の転換

読者は、この本の著者はいったい何をねらっているのだろう、と怪しんでいるかもしれない。しかしわたしが第一に目指しているものは、可能なかぎり自由な見直しであると言うほかない。それが導き出す結論について行ったとき、どこにたどり着くか、見きわめよう、ということでしかない。そもそも文明社会でわたしたちは経済活動によって生きている。この現実を否定する人はいない。その経済活動は、ものを運んで市場で売り買いすることをめぐってある。これも否定する人はいない。わたしたちは動物の一種なので、植物の生産活動を基盤として、そこから食べ物を得て生きている。このことを否定する人もいないだろう。こういう当たり前の前提を見つめ直して、わたしたちの生を考えてみる、というのが、この本の第一の目的である。

そしてこの第一の目的に関しては、すでに述べてきたことでほぼ終わっている。しかしこの本の読者は、いったいこの本の結論は何だったのかという疑問をもつかもしれない。つまりもう少し著者の本音がほしい、ということである。たしかに本を書き上げるまではくすぶっていたものない。

が、本ができてくるとはっきりと見えてくる、ということがある。はっきりしなかったので言えなかったことが、しだいに基礎ができてくると、はっきり言ってしまったほうがむしろ基礎としての分析の意味も明確になり、本の全体が理解しやすくなる、ということはたしかにあるに違いない。

それを第二の目的としてここで述べる必要があるだろう。

すでに明らかになったように、わたしたちの社会がもっている暗黙の規範はけっして正当なものとは言えない。したがってこの社会の規範は変えなければならない。つまり社会を根本的に転換しなければならない。なぜなら、正義を主張できない規範をもった社会は長続きしないからである。

しかしこのことは、表面的な変化ではない。日本においては第二次世界大戦後、価値観が突然に変わったために、多くの日本人がどうしていいかわからない空虚感に襲われたと言う。しかしその変化は、ここで述べられていることと比べれば大したことではない。戦後の日本はそれまでとは秩序の原理がいささか変わったと言えるが、文明国としての大枠までもが変わったわけではない。戦後はアメリカの指導を受けたが、強圧的にアメリカ化された、あるいはアメリカの植民地化にあったわけではないからである。そして戦後の食料難に遭って日本人は戦争より三度の飯の大事さを思い知ったぐらいのことである。

たしかに小さな変化であっても、価値観の変化というものはけっして簡単なことではない。そもそも何を正しいと考えるか、ということは、一般に議論に乗ることが少ないからである。むしろはじめから制度があることが前提になって世の中は動いている。その制度を問い直すことを、国家のなかで指導的役割を担うひとは、ときに考えざるを得ないが、一般人は、ふだんまったく考えの外に置いている。だから一般人はある価値観にしたがって制度ができていることを考えることに慣れていない。そのため、いざ社会制度の変更が起こると、考え方がわからなくなって、呆然となるのである。

しかし、ここではそれを考えなければならない。なぜなら一つの国家のもとにある人々の行動、エネルギーは、制度にしたがって動くからである。それはたとえば、信号機の色の意味が変わったらどうなるか、ということに比することができる。道路は、人や車が動いている。もしも信号機が、赤が「止まれ」ではなく「右に曲がれ」であったなら、そして青が「左に曲がれ」であったなら、人や車の動きは一変し、その流れに乗るものは、どうしたら目的地にたどり着けるか考え込まざるを得ないだろう。いや、目的地では、自分が想像しているような活動が続いているかどうか、予想することすらむずかしくなるかもしれない。

しかも制度というのは、どこかで法律を変えれば変わる、というものではなく、それを大多数の人間が理解して、それに従うことができなければ社会が現実に変わることはない。なぜなら大多数の人間の理解と行動がなければ、どれほど良い制度の変更であろうと、大混乱が起きて、マイナスが大きくなるからである。そして大多数の人の理解が変わるためには、正しいことが何かについて、大多数の人が変化に賛同する必要がある。たとえばタバコの喫煙一つとっても、個人の趣味と公共の害とのかねあいを、どのように考えるのが正しいのかということについて、大多数の人びとの意識に変化がなければ、社会の制度の変更は、実際には進められないのである。

したがって緑の大切さを訴えても、ただそれだけでは制度の変更はできない。なぜなら、緑を壊して開発することが正しいと見る長年続いてきた制度とのかねあいが、まだ論じられていないからである。開発の正当性については、すでに述べたように、もともと開発は文明の原理なので、その正しさは文明社会内部では問われないほどの前提である。つまり、それ自体は問われることを免除されている。せいぜい問われるのは、どのように開発するか、という手法のみである。したがって開発の抑制も、禁止も、じつは文明の前提を問うことなしには成立しないのである。

わたしたちの文明は自分たちのために特定の植物を育成する農耕と、ものを運び貯蔵し、交換する市場の活動によって成り立っている。文明の前提を問うとは、このことの正しさを考え直すということになる。しかし、だれでも、自分たちが生きていくことは正しいことであると考えるから、その生活の根本を揺るがすことは、ただそれだけで、間違いであり正しくないという結論を導きたくなる。しかしわたしたちが今考えなければならないことは、自分たちの個人的な生活が続くかどうかのことではない。包括的な意味で、人類の存続か、絶滅か、の問題である。

動物のどの種類も、遺伝子の偶然の変化と、競争によって生まれてきたと、文明社会の科学はごく最近まで教えてきた。そして絶滅は競争に負けたことによるというのがその答えである。とはいえ、じつのところ競争原理は絶滅しか説明できない。種の進化はむしろ共生によるからである。したがって、人類の誕生は共生によるものである。他方、人類の絶滅は、文明が愛して止まない競争によることだけはたしかである。文明社会の原理では、誕生も偶然なら、絶滅も偶然であると説明する。すなわち、恐竜の絶滅は偶然の隕石の落下によると言われるように。しかし、もしも競争に負けたものが絶滅してきたと言うことであるなら、人類の絶滅は、ほかの生物種との競争に負けることによるのだろうか。しかし、こんな答えを信じる人はいないだろう。人類は地上のどんな動物も、赤子の手をひねるように、簡単に絶滅させることができるのである。これほどの勝利はこれまでの生命の歴史になかったことだろう。やっかいな相手は微細な細菌類ぐらいのものである。負けるとすれば、かれらに負けるだけだろう。あるいは、また隕石の落下、という偶然によるのだろうか。そして文明社会の原理のなかでは、答えはこれしか用意されていない。

これに対して、わたしが見いだす答えは、人類の絶滅は人類の文明が内部にもっている競争によるということである。つまり人類は互いに競争して、その結果滅びるのである。そして文明を礼賛するエリートたちは、経済のグローバリズムであろうと、何であろうと、競争こそが人類の繁栄の源であると、数々の数値をあげて証明にやっきなのである。しかし、そのなかの誰も、本気で文明を分析していない。知的な証明をしているように見せかけているだけであって、じつは、だれも、文明の源を見ようとはしていないのである。取り上げるのは、近代以降の世界的支配の成功物語ばかりである。しかしわたしから見れば、この成功物語こそ、文明が人類を滅亡させる最後の幕開けなのである。科学技術の発達によって土壌は酷使され、食料が増産されて人口は激増した。それは文明による土地の占有が進んだことを意味している。そこに生きていた多くの種が絶滅したか、追いやられた。生態系は貧弱なものとなった。しかし生態系の貧弱化は、生態系のなかでの人類の存在意義を確実に失わせる。なぜならすでに述べたように、人類が誕生したのは、複雑化した生態系の手当てのためだからである。単純な生態系の維持のためなら、人類は必要でない。したがって、貧弱になった生態系は人間を守ろうとはしなくなる。他方、激増した人口によって競争はますます激烈なものとなり、人間のなかでも生き残るものは、いずれごく少数となるだろう。そして少数となった人類は、すでに生態系が守ってくれないのであるから、おそらく思わぬ伏兵にあって死滅することになるだろう。これは恐竜の絶滅とよく似たパターンである。

それに対して、文明社会の科学（そのエリートを気取る人たち）は、人類の絶滅も誕生も、偶然によって説明したがる。その理由は、自分たち人類に起こることを必然的に説明するためには、何か自分たちの生成と消滅を支配する原因をあげなければならない。となれば、人類はその原因の下位に位置づけられることになってしまうので、自尊心を傷つけられるのである。エリートにとって、これはがまんならない事柄である。つまり、あるものによって誕生したのなら、人類の生は、そのあるものに依存していることになる。人類がなにを誇ろうと、「おかげで」生きていることが明白になる。これでは人類の誇りが傷つく、ということなのだ。人類の誕生が遺伝子の偶然の変化によるものであり、その絶滅も、隕石のように無機物の偶然によると言うのなら、それはしかたがないことだし、コントロールもできない相手なのだからあきらめもつく、ということなのである。したがって文明社会の科学は、人類誕生の原因も、それと関係の深い人類の絶滅の原因も、偶然としてだけ説明する。必然的な原因を見いだすことは本能的に避けるのである。

さらに文明社会の哲学は、個々人の生を必然に結びつける。つまり善悪の規範に個人の生死を結びつけて、個人の生活を社会の規範に合うものにすることを教えるのである。この哲学によれば、人は生きなければならないし、何より人のために生きなければならない、死んではならないし、何よりもそれは自分のためだ、というのが、いつもの説得である。こうして自分たちのことしか考えない人類は、そのことは正しいと自ら納得して、思想の環のなかに閉じこもっているのである。

しかし、冷静に生命の歴史を振り返って見れば、植物の進化があって、この食料となるものの変化にしたがって動物の進化が決まる。これは、疑いようもない事実であろう。なぜなら遺伝子に偶然の変化があっても、食べていけないもの（食料とするものを見つけることができないもの）は、生き残ることはできないからである。したがって、種の誕生は偶然ではなく、理由のある必然なのである。そして誕生が必然なら、絶滅も、よほどのことでもないかぎり必然である。つまり植生環境の変化が食料を途絶えさせて、動物は一般に絶滅するのである。言うまでもなく、この原則の例外が偶然にあることは、わたしも認める。しかし、例外と原則は区別しなければならない。なぜなら原則を見分けておくことこそ、人類にとっても、「生存の意味」を知る基礎となり、それはまた「絶滅の理由」を知る基礎となるからである。

しかしながら、わたしは誤解のないように述べておきたい。人類誕生の意味は必然であるが、個人の生死は偶然のものである。したがって自己の生死のみを考えるなら、その理由を個々に見いだすことはできない。ソクラテスが言う通りわたしたちはそれについては「無知」である。あるいは、「空無」と答えた仏陀の言う通りである。しかしながら、人間が自身の存在理由を問うとき、個人の存在理由を問うなら、その答えは「無」であり、人類としての存在理由を問うなら、その答えが「有る」、と言うことの間に、なんら矛盾はない。なぜなら、わたしたちは生死を繰り返す世界に生まれて、自己個人の生の永遠を求めて生きることに、どこかむなしさを覚え、それよりも人間として生きることに、あるいは人間として生きたことに、永遠の満足を覚えるほうが自然であることを理解するからである。じっさい、しょせん人は年をとるに連れ、生きるつらさを覚えていくものである。それゆえ、個人の生を長らえることよりも、一日、あるいは、ひととき、人間としての生の意味を感じられることこそが、こころを満たすと知るのである。

植物が山々をおおい、清冽な水を生みだして、川には魚が泳ぐのを見て、永遠のやすらぎを覚えることに何の疑いがあるだろう。そして、木々の生長を喜んでいるうちに、木々がお礼をくれるかのように果実を実らせるのを見て、だれが感謝せずにいられるだろう。大風が吹いて木が倒れ、他の樹木までが大きな困難を背負っているのを見て、思わずその苦境を救いたいと、自由な手を貸すことに、何のためらいがあるだろう。人類は、自然から生きる意味を与えられて誕生したのである。その意味を果たすときにこそ、生き甲斐を覚えるものである。反対に、人間社会のなかで何か別の教えを受けて、生き甲斐を感じるように何ごとかを信じても、それはいつも疑いと不安をともなうものであろう。

しかし、それほどまでに大きな喜びがあったはずなのに、人類はなぜそれを捨ててしまったのだろうか。たしかに、その理由はわからない。最後の氷河期を生き抜いた苦境のあとに、何かがあったのである。それは同情すべきことだったかもしれない。しかし、今言えることは、せいぜい、それが何であれ、精神の怠惰をともなうものだったと言うほかにない。なぜなら、可能な限り複雑な先を見通す力を発揮し続けていたら、人類が生態系の善美のために生きることを捨ててしまうことはできなかったに違いないからである。そしてその精神の怠惰は、人間精神の本質的な未熟さを証明するものなのであろう。なぜなら、そこには自然が示す必然はないからである。人間精神が十分に成熟していたなら、本来の目的を忘れ、間違った方向へ「転ぶ」ことはなかったに違いない。人間精神の力を発揮することが生態系の善美に向かう努力と不可分であれば、その反対に、精神の怠惰は、単純化に向かい、生態系の破壊に向かう。苦境のなかで何かが起こり、その何かのときに、本来の目的に反する道を進む怖さを、人間は怖さとして認識することができきなかったのだろう。そういうことが起きた理由は、精神の未熟ゆえであるとしか、今は言えない。

それゆえ文明は、人間精神の堕落とともに、まったく偶然にはじまったのである。しかしながら、それは他者を強力に排除することができたばかりに、存続し波及した。他方、それを植物の側から見れば、人類のなかに競争が持ち込まれ、絶滅がはじまったことを意味する。人間どうしの競争が一部の人間のみを増殖させ、競争が地球上の人類全体に蔓延し、他の種の絶滅をまきこみながら、生態系の単純化を引き起こしている。生態系があまりにも複雑化、繊細化したために人類を生みだした植物界が、人類を必要としない単純な生態系に戻ることを選んだのかもしれない。いずれにしろ生態系が単純化すれば人類の存在意義はない。すなわち地球上最後の秘境が開発されれば、そのときには人類が存続する意義を見いだす場所は、地球上から完全に消え去ることになる。そしてそのときには、複雑に絡んだ生態系が人類を守る必然性が失われ、人類にとってきわめて危険な状況が生まれるだろう。じっさいエイズやエボラ出血熱など、秘境におとなしくしていた病気が人類社会を襲い始めている。これが正しい解釈であるかどうかは保証できないが、いずれにしろ、誕生の意味を忘れた人類はおのれの生存の意味を見失っていることは間違いない。それゆえ、絶滅の必然がすでに用意されていることは間違いないのである。

ところが人類はそれとは知らずに、未熟な精神のなかで「自己意識」を基盤とした哲学を展開し、市場経済の発展を見て、人間社会の発展を信じるように自らを教育してきたのである。たしかに文明社会の人びとは、地球環境についての科学的調査が示す種々のあたいを見て、今や危機感を持ち始めているが、その本当の意味を受け取る思想的成熟をはたしているわけではない。なぜなら、人類がもっている思想は文明に基づく思想であり、科学を基礎付け、その数学的真理を礼賛し、文明社会の達成した社会制度を前提にして、その制度のすばらしさを、自由とか、平等とか言って礼賛することしかできない思想だからである。文明はその歴史的権威と、縦横に張られた目に見えない知識・情報の網によって、中に生きる人びとの目から自然がもつ生命的知恵を隠してしまっているのである。

では、生命的知恵を見いだす哲学は誕生するのだろうか。そのための存在論がありえるのだろうか。それとも、西洋の思想は、存在論も認識論も、あるいは構造主義を含めて、倫理学も、すべて役立たずに終わるのだろうか。これについては、この序説を第一部として、第二部、第三部で論じることにしたい。

もちろん、存在論や認識論がどうであれ、人類存続の道はたった一つである。それを明らかにすることが、そもそもこの本の第二の目的である。それは何かと言えば、人類誕生の意味・目的を、ふたたび人類が実現することである。すなわち、破壊された地上の植生をあらたに最良のものに整えていくことである。その地域に生きる、昆虫から、鳥から、獣たちからも、共通に喜ばれる植生を回復していくことである。人間の都合で、あるいは嗜好で選ばれた種にだけ喜ばれる植生の生態系ではなく、その地域のすべての種に喜ばれる植生の生態系である。もはや人類存続の道が経済の再生によってではないことは、すでに述べたことから明らかであろう。経済活動は、文明という、人間が自分たちのために生きる道を選んでから始まったものである。それゆえ、今は何の役にも立たない。人類の永遠的な存続は、地上の生命を永遠的に維持する基盤を提供してくれている植生環境の維持管理によるほかないからである。人類の誕生がそのためであったのだから、その使命を果たし続けるとき、はじめて人類は存続する価値をもつのである。

しかし、このかつての生き方を人類がふたたび実現するとすれば、まず人類は、これまで掲げてきた普遍的価値観、すなわち、人間のためになるかどうかが第一のことであるという思想を、すっかり放棄しなければならない。自分たちのためではなく、植物のためでなければならないのである。近年、アメリカでは「スチュワードシップ」と言われる自然管理の思想が、自然環境の保護に熱心な人びとの間に広がっている。これは「自然の世話」をする、という思想である。もう少し詳しく言えば、キリスト教的基盤において、人間が自然を作りだした神の代理者として、自然の育成を保護管理する、という考え方である。これは、わたしが述べていることと、かなり近似の思想である。そこには、近視眼的な人間のため、という視点から、いくらかでも離れて、自然に対して手を添えようとする思想があらわれている。たしかに、この「スチュワードシップ」には、上から自然という弱々しく劣ったものを世話する、という優越的意識は残っている。しかし、それでも、この思想運動は、人間のためという、文明が基盤としている不動の視点を変えていく、まったく新しい思想運動、あるいはその可能性を十分に宿していることは間違いない。ことばとしては一七、八世紀のイギリスで動物に関して生まれたものらしいが、それがアメリカでさまざまな環境主義の哲学運動の中でもまれてきている。そしてこのような運動がだれからともなく、行き過ぎた文明社会のトップであるアメリカから始まっていることは、とても興味深いことである。人間はやはり本能的に、行き過ぎた文明の罪を強く感じ始めていると言えるのではないだろうか。

したがって、今こそわたしたちは根本的な価値観の変化を受け入れなければならない。しかし、植物を基盤とした自然に向かうこの価値観は、自然がもともと人類に与えた価値観である。したがって、肩肘張る必要はない。むしろ精神的に未熟な文明社会が人間にだましだまし植え付けた思想を、あっさりと払拭することができるなら、あるいは、その矛盾を充分に了解することができるなら、この価値観をふたたび人類全体のものとすることは、けっして無理なことではないだろう。そして思いの外、困難ではないだろう。人類にとって見れば、遺伝子のうちに刻まれているものを思い出せば、それですむことなのだから。それゆえ人類の存続問題に関して言えば、望みは一縷であるが、可能性は小さくないと言えるのである。

あとがき

最後に、いくつか言い足りなかったことを付け加えておこう。

読者のなかには、昨今の生命科学の発展を見て、いずれ科学は生命の本質を解き明かすに違いない、と信じているかたも大勢いると思う。そのように信じている人から見ると、わたしの説は半信半疑にしかなれないだろう。わたしはそのことについては、理解しているつもりである。しかしあえて言えば、わたしの立場からもたくさんのことが言える、ということは理解しておいていただきたい。簡略に言えばこういうことである。つまり分母のとり方ひとつで、全体の割合は変わってしまう。たとえば人間が生命について理解したいことがいくつかあって、それのうちの大部分を理解できれば、人間は生命についてはほとんど理解できたと満足するだろう。たとえば理解したいことが十あるとすると、そのうち九まで理解できたなら、人間は生命のほとんどを理解できたと喜ぶだろう。しかし、生命の真実が十程度ではなく、何百何千であることを知っている神からすれば、人間は生命の本質をほとんど理解していない、ということを、考えておくべきではないだろうか。わたしがこのようなことを想定するのは、わたしが預言者だからではなく、この本で述べた理由から、文明人は生命についての理解をじつはほとんど失ってしまっていて、そのことに気づかない生活をしていると考えられるからである。

たとえば人間の生命（生きること）について、わかっているつもりの人は、できるだけ長生きさせれば、その人の生命（生きること）を大事にした、と考える。わたしはこんな理解はばかげていると思う。生命を時間的な長さでしか測れないことを、その理解は暴露しているだけだからである。では時間の長さを計る以外に、ほかに確たる証明があるのかと聞かれるなら、確実な証明というものを科学の証明という意味でとるなら、ほかに証明はないと答える。なぜなら、科学には生命の本質的理解など不可能だからである。科学は数を数えることしか証明の方法をもたない。だから科学は個体の数か、時間を計るだけしかできないのである。同じように、植物を大事にすることも、ほかの動物を大事にすることも、科学的理解を絶対視する人は、個体を長生きさせることしか目標とは考えない。しかし、同じ時間の長さを幸福に生きるか、不幸に生きるか、ということは、生命にとって本質的な問題である。ところで、幸福か不幸かは、その生命の役割とかかわっていて、その役割に携わることができなければ、どれほど長生きしても不幸であることが、理解のうちになければならない。

だから生命理解の分母をどれだけのものと見なすかによって、現代科学の生命探求の結果の評価が変わってくる。人間が相手をどれだけ利用できるか、ということから言えば、科学はたしかに絶大な力をもっている。わたしたちは生命のもつ力を大いに利用して、たくさんのものをつくることができる。しかし、科学技術は生命を幸福にする力をもたない。たしかに科学は生物にとっての快適な状態を考えるために、いくぶんかの資料は提供できるだろうが、生命の真の幸福について議論が起きたとき、結論をどこに求めるか、ということは決めることができない。ところで、個々の生命の幸福を理解する力を得ることが、生命理解の本質である。そしてその幸福は生態系における生命の循環、言い換えれば、「食」による関係を基盤としている。それはきわめて複雑な関係の束としてできあがっている。しかも、生命は一瞬一瞬のものである。時間をかけて科学調査しても、その結論が出るころには、別のものになってしまう。したがって、生命は直感的に理解されなければ、わたしたちが生きるのに役立たないのである。それゆえわたしは、生命科学の発展によって、これまでの生命世界の破壊に対する埋め合わせが十分にできるようになるとは、期待していない。生命世界の破壊に対する埋め合わせのためには、まったく別の理解が必要なのである。

もうひとつ付け加えておきたいことがある。

じつはこの本の出版を直前に控えていた七月末、アメリカから来た障害者の団体が、わたししたちのボランティアグループがいつも活動している公園で、数日間ボランティア作業をすることになった。そして、その指導をわたしは引き受けた。車椅子の人、義足の人、耳の聞こえない人、目の見えない人、そしてその介助者たちである。ふつう障害者はボランティアをされる立場であるが、できる範囲で行うということで、わたしもかれらの意欲に答えなければならなかった。公園は真夏のなかで雑草が一部で繁茂していた。また多すぎる枝がからまってしまっている樹木も多かった。わたしは屋外の作業としては、草刈りと枝落としをしてもらうことにした。

言うまでもなく、わたしはその意味をかれらに説明した。公園にはシカもサルもいないので、そのかわりに人間がしなければならない、と。そしてだから、「動物のようにはたらいてください」と最後に言った。つたない英語で言ったことなので、どういうニュアンスとして伝わったかは定かでないが、わたしは、内心、「動物のように」ということばには、露骨に嫌な顔をされるのではないか、と案じていた。というのも、アメリカ人なら、きっと人間は動物ではないと信じているだろうし、動物のように作業する、という言葉には拒否反応が出るだろう、と思っていたからである。ところが、わたしがその言葉をはっきりと言って見ると、わたしの話を障害者といっしょに聞いていた一人の若い女性介護者が、目を輝かせているのが目に飛び込んできた。わたしは彼女の笑顔を見て、自分の考えが偏見に過ぎなかったことを理解した。彼女は、数日後の最後のミーティングでも、草刈りや枝下ろしの理由を教えてもらったことを取り上げて、とても感謝してくれていた。ほかの人たちもうなずいていた。もちろん、こういう受け取り方をしてもらえたのも、もしかしたら彼女たちが弱者の立場に立てるひとたちだったからかもしれない。とはいえ、わたしの理解がアメリカ人にも十分に受け入れられ、納得の行く理解であることが確かめられたことは、わたしにとって、この本を世に出すためのあらたな自信になった。

自信があるとはいえ、ジャンル分けがむずかしい内容である。しかもいくらか大部の内容となっている。出版を引き受けてくださった知泉書館の小山さんには格別に感謝したい。三〇年来、自然環境と哲学の両方にひかれつづけてきたわたしにとってはライフワークになるもので、この本の出版こそ、自分が生きた証になると思っている。

二〇〇四年八月

著　者

ら・わ 行

な　行

は　行

ま・や　行

た　行

さ　行

索　引

人　名

あ　行

か　行